Gerhard Oberlin

—

Demokratiedämmerung

Der Autor Dr. Gerhard Oberlin arbeitet als Freier Literatur-, Kultur- und Sportwissenschaftler mit Wohnsitz in Tübingen. Nach einer internationalen Laufbahn als Lehrer, Schulleiter und Fortbilder war er unter anderem Dozent für deutsche Sprache und Literatur an der Beijing Foreign Studies University und am Deutsch-Chinesischen Institut der University of Business and Economics, Beijing/China. Zuletzt Gastdozent der Hebrew University in Jerusalem, der Malayalam University in Tirur/Kerala und am Pookoya Thangal Memorial Government College in Perinthalmanna/Kerala. Neben zahlreichen Aufsätzen in internationalen Fachzeitschriften mehr als 30 Buchveröffentlichungen, zuletzt: *Der Hybride Charakter – Persönlichkeit im autoritären Liberalismus* (2021); *Die Welt im Rausch – Vom Feiern und Festen* (2021); *Kafka verstehen – Text und Deutung* (2021); *Kleist verstehen – Text und Deutung* (2022); *Rilke verstehen – Text und Deutung* (2022); *Die permissive Gesellschaft – Schuld und Sühne im Generationenwechsel* (2022); *The Day Before the Day After – Die Illusion der atomaren Beschirmung* (2022). Er ist Herausgeber u.a. der Bände: Argyris Sfountouris: *Trauer um Deutschland. Reden und Aufsätze eines Überlebenden* (2015) und Argyris Sfountouris: *Schweigen ist meine Muttersprache. Griechenland – seine Dichter, seine Zeitgeschichte* (2017).

Gerhard Oberlin

Demokratiedämmerung

Königshausen & Neumann

Bibliografische Information der Deutschen Nationalbibliothek

Die Deutsche Nationalbibliothek verzeichnet diese Publikation in der Deutschen Nationalbibliografie; detaillierte bibliografische Daten sind im Internet über http://dnb.d-nb.de abrufbar.

Gedruckt auf säurefreiem, alterungsbeständigem Papier
Umschlag: skh-softics / coverart
Umschlagabbildung: Umschlagabbildung: Redzen2: Amerikanisches Symbol
© envato.com

Printed in Germany
ISBN 978-3-8260-7805-7
www.koenigshausen-neumann.de
www.ebook.de
www.buchhandel.de
www.buchkatalog.de

Was du ererbt von deinen Vätern hast
Erwirb es, um es zu besitzen.
Was man nicht nützt ist eine schwere Last,
Nur was der Augenblick erschafft, das kann er
[nützen.

Johann Wolfgang Goethe: *Faust* (Vs. 682ff.)

Inhalt

Einführung

Dieses Buch geht von der Hypothese aus, dass die parlamentarischen Demokratien vor allem des „alten Westens" (Europa und Nordamerika) im Begriff sind, alles zu verlieren, was sie einst aus einer utopischen Idee entstehen ließ: Freiheit, Gleichheit, Brüderlichkeit.

Was diese Hypothese gewagt, aber auch umso alarmierender erscheinen lässt, ist ihr unwidersprochener Auftritt inmitten der demokratischen Theatergala, die den Politalltag in Berlin, Washington, Ottawa bestimmt. Tatsächlich ist es ihr kontraintuitiver Anschein, der sie daran hindert, obschon für wahr erkannt auch ernst genommen zu werden, so dass sie ausgerechnet jene darin bestärkt, dass Demokratie unanfechtbar sei, die sie im Munde führen.

Es ist, als ob es dieses Paradoxes bedürfe, um den Selbstbetrug als wohlfeilen Zynismus salonfähig zu machen. Es ist – *mutatis mutandis* – der gleiche Zynismus, der es den Verfechtern von Rassensegregation und Sklaverei in den westlichen Staaten erlaubte, sich unbeirrt „Demokraten" zu nennen.

Es sind also gerade die schweren politpathologischen Befunde, die für den Bestand der Demokratien zu garantieren scheinen. Wer daher die Krankheitssymptome beim Namen nennt, erweckt schon den Anschein bevorstehender Heilung und lässt die letale Perspektive erst gar nicht zu.

Die Diagnose ist dramatisch, aber der Kranke scheint mit einer Panazee ausgerüstet, die ihm trotz aller Widrigkeiten Unsterblichkeit verspricht. So laborieren ganze Armeen von Ärzten an malignen Syndromen, als behandelten sie Dummies, die nach Gebrauch wiederhergestellt und stolz den Krittlern und Pessimisten präsentiert werden.

Aus der Sicht praktizierender (und dafür bezahlter) Demokraten ist die Demokratie unveräußerlich. Da sie ins Reich der Utopien gehört, scheint sie in Stein gemeißelt und ewig haltbar – *aere perennius.* Wenn je das Wort von der *Nirvana Fallacy* – so bezeichnete der amerikanische Ökonom Harold Demsetz (1969) die Bevorzugung der Utopie vor der real verbesserten Wirklichkeit – Geltung hatte, dann in Bezug auf unsere realpolitische demokratische Wirklichkeit. Will sagen: Lieber setzen wir auf die systemische Vollkommenheit unserer politischen Ideale in fernster Zukunft, als die Verlustrechnung aufzumachen und die nötigsten Reformen in der Gegenwart vorzunehmen.

Schuld an der riskanten Blauäugigkeit sind die endlich eingelösten Wohlstandsversprechen, die einst mit dem „Streben nach Glück" – *pursuit of happiness* heißt es in der Amerikanischen Unabhängigkeitserklärung von 1776 – verbunden schienen. Nie zuvor ist dieses Versprechen für so viele gleichzeitig eingelöst worden.

Der durchschnittliche Mittelstand in den Industrieländern lebt heute in einem Luxus, der über Jahrtausende nur wenigen vorbehalten war, soweit er überhaupt existierte. Was Ernährung, Hygiene und medizinische Versorgung anlangt, übertreffen die heutigen Standards an Quantität und Qualität alles bisher Dagewesene bei Weitem.

Maddisons *Historical Statistics of the World Economy* (2006) und Bolt et al. (2018) zeigen für die Industrienationen westlicher Prägung (außer Russland, China und Japan) einen Anstieg des Bruttosozialprodukts pro Kopf von etwas über 3000 USD im 19. Jahrhundert auf weit über 40.000 USD in heutiger Zeit. Die Vervielfachung des durchschnittlichen Wohlstands um weit mehr als das Zehnfache wird noch einmal verdoppelt, wenn wir bis ins 17. Jahrhundert zurückgehen.

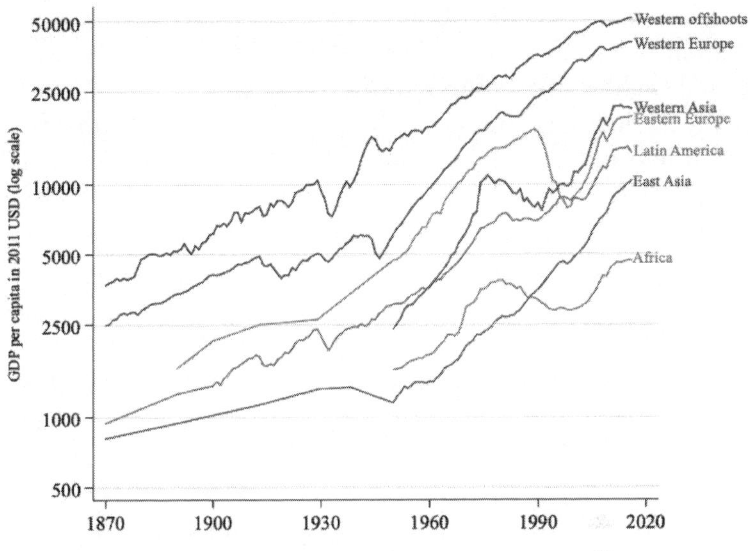

Quelle: Bolt et al. (2018: 16f.)

Wenn wir das alles unter „Wohlstand" zusammenfassen, so darf der nüchterne Begriff nicht über das exorbitante materielle Niveau hinwegtäuschen, das gemessen an allem Früheren damit heute bezeichnet wird. Dieser Wohlstand *ist* Schlaraffenland, der Inbegriff des Wohllebens und der Lebenssicherheit, von dem Tausende von Generationen noch nicht einmal träumen konnten. Wenn es ein „Ende der Geschichte" gibt, dann nicht, wie Francis Fukuyama vorschnell befand, weil „das Ideal der liberalen Demokratie nicht verbesserungswürdig" (1992: 11) sei, sondern weil der Wohlstand, einmal erreicht, nicht mehr zu steigern ist.

So haben wir Grund, gleich zwei Utopien in wechselseitiger Reaktion zu beschreiben – eine Doppelung von Superlativen, die eines nicht in den Sinn kommen lässt: dass sie destruktive Brisanz hat. Nicht, dass die Demokratie den Wohlstand gefährdet – das ist im Interesse einer gerechten Güterverteilung denkbar, aber nicht die Regel –, sondern umgekehrt: der Wohlstand gefährdet die Demokratie.

Dass Utopien schon deshalb erschütterbar sind, weil sie Utopien sind, versteht sich. Wenn sich Ideen ins Materielle verirren, ist mit ihrer Obstruktion zu rechnen. Ideale hungern nicht nach Wirklichkeit, wohl aber hungert die Wirklichkeit nach Idealen, die sie alsbald verraten muss, um nicht daran zu zerbrechen. Während die Demokratie ein politisches Ideal auf der Grundlage einer neohumanistischen Staatsphilosophie darstellt, kommt der Wohlstand ohne ideologischen Überbau einher, es sei denn, er generiert sich auf Kosten anderer, ist also konsumptiv und ausschließlich dem privaten Kosmos zugedacht. Die Utopie des *privaten* Wohlstands als solche ist unter gerechten Verteilungsbedingungen kein politischer Streitpunkt, allenfalls eine Frage der Minimal- oder Durchschnittsstandards, die exakt und realistisch zu definieren sind. Dass unter Wohlhabenden stets der Neid regiert, ist kein Einwand, da psychische Befindlichkeiten keine politideologische Dimension darstellen.

Wenn aber Freiheit und Gleichheit unter Bedingungen des Wohlstands als einer privatistischen Größe gefährdet sind, ist es doch offenbar genau dies: das *Apolitische*, welches das Politische; ist es das Materielle, welches das Ideelle, das Private, welches das Gemeinschaftliche bedroht. Da Demokratien auf Partizipation fußen, die Polis also ohne Bürger und Bürgerinnen keine ist, muss der Keim der Zerstörung im Unbürgerlichen bestehen, ob in Indolenz, Privatismus oder sozialer Demontage begründet.

Wenn wir den demokratischen Bürger als *citoyen* verstehen, als staatsbürgerlich denkendes und am Kommunalgeschehen beteiligtes Subjekt, ist ein Gebilde größer als ein mittlerer Stadtstaat *per se* gefährdet, weil große Bevölkerungen das Wegducken unter Bürgerpflichten provozieren. Es sind die Massen, welche die Demokratien herausfordern, sabotieren, unterminieren, und sei es nur, indem sie diese aus ihrer Anonymität heraus ignorieren; die Massen, die sich weder als Mitbürger angesprochen fühlen, noch Verantwortung übernehmen, indem sie dem Herdentrieb folgen; die Massen, die vor allem ein Ziel verfolgen (und dies ganz naturgemäß): das private Wohlleben ungeachtet des kommunalen Wohlergehens.

Davor, dass solche Konstellationen dem Totalitarismus Vorschub leisten, hat Hannah Arendt wiederholt gewarnt. Dieses Buch wird ihrer Stimme ausführlich Gehör schenken. Wenn der private Wohlstand als Ziel der Massen erstrebt und erreicht wird, steht die bürgerliche Teilhabe genau so weit in utopischer Ferne wie die Ideale der Demokratie. Goethes Verse aus dem *Faust*-Drama, die diesem Buch als Motto voranstehen, sind im Namen jenes Bürgertums verfasst, das seinerzeit zwar noch nicht demokratisch legitimiert, aber doch schon staatstragend bedeutsam war: „Was du ererbt von deinen Vätern hast/ Erwirb es, um es zu besitzen" – will sagen: Der Wohlstand muss von jeder Generation, in jeder politischen Entscheidung *ab ovo* neu erdacht, neu errungen, nicht einfach als Vermächtnis übernommen, sondern durch jedermanns Hände Arbeit restituiert und gestaltet werden. Nur so kann er sich als *erworbenes* Wertziel jeweils von neuem *politisch* legitimieren.

Die Utopie des Wohlstands deeskaliert und individualisiert sich damit zur je persönlichen Arbeitsleistung und erfährt durch die Mühen des Werdens Belohnung für Mühsal, Verdruss und Zielstrebigkeit. So und nicht anders wird aus Utopie nicht-utopische Wirklichkeit und damit ein Leistungsertrag im habhaften Menschenmaß. Vor allem macht der Wohlstand sich damit als Gemeinschaftsleistung bewusst, da er auf Arbeitsteilung basiert und ohne die Mitwirkung anderer gar nicht denkbar ist.

In diesem letztgenannten Aspekt ist er freilich eine politische Größe *par excellence*, da er ohne technische, wirtschaftliche, vielleicht administrative Zusammenarbeit nicht zustande käme. Der Wohlstand für *alle* als Ergebnis von sozialer Marktwirtschaft, wie man sie vor der neokapitalistischen Globalisierung noch hochhielt, ist ein Zugewinnprodukt mit genossenschaftlichem Ethos, das nur eine Polis aus aktiven Bürgern in die Tat umsetzen kann, just solchen, wie sie der konsumptive, privatistische Wohlstand systemisch verhindert.

Wie letztlich die Mechanismen der Destruktion, die wir unter dem Begriff „Demokratiedämmerung“ subsummieren, unter dem Aspekt des Wohlstandsprivatismus zusammenwirken, soll dieses Buch analysieren. Sein Fazit wird zeigen, dass Freiheit, Mitbestimmung und Solidarität für die wachsenden Massen unseres Planeten, die nach Wohlstand streben, ein zunehmend fernerer Traum ist, der – *horribile dictu* – zum dystopischen Albtraum wird, wenn Ideal und Wirklichkeit sich im ganz normalen Alltag der Welt bekämpfen.

Das Begründungsverfahren geht dabei in sieben Essays über sieben Stufen der Abschaffung, die meines Erachtens sukzessive auf das Ende der Demokratie hinführen. Die Analogie zu den Sieben Todsünden ist hier keineswegs gesucht, doch sind die Eskalationsstufen vielleicht von ähnlicher Brisanz wie für die Christen die Verstöße gegen ihre sakrosankten Glaubensinhalte. Ob die Reihenfolge eine entscheidende Rolle spielt, lasse ich dahingestellt. Ich sehe sie konsequent aufgebaut, doch ist das Ganze ein kumulativer Prozess, dessen Abstufung auch in ganz anderer Folge denkbar ist.

„Demokratiedämmerung“ ist bestimmt von einem langsamen Nachlassen, schließlich dem Verlust des Lichts, das die Aufklärung einst hochhielt. Bis dahin zeigen die länger, doch auch schwächer werdenden Schatten ein paradoxes Gegeneinander, das über die Tatsache hinwegtäuscht, dass nichts bleiben wird, wie es ist.

1.

Die Abschaffung der Zukunft

Somit wird und soll unser Glück niemals in einem vollkommenen Genießen bestehen, bei dem nichts mehr zu wünschen übrigbliebe und das unseren Geist abstumpfen würde, sondern in einem immerwährenden Fortschritt zu neuen Freuden und neuen Vollkommenheiten.

Gottfried Wilhelm Leibniz (1996 II: 602)

Dass der urbane Wohlstand seine dunklen, ja apokalyptischen Seiten hat, wusste schon der Mythos von Babylon oder die Legende von Sodom und Gomorrha. Die Folgen von Sittenverfall, Krieg, Misswirtschaft oder Naturkatastrophen wurden als Strafen Gottes ausgelegt, wenn die Auswüchse des Wohllebens unnatürlich, abwegig und verwerflich erschienen.

Heute gilt in erster Linie weniger das moralische als das ökologische Bewertungsmuster, das die Veränderungen der Biosphäre dem hybriden Handeln der Menschen zuschreibt. Im Zeitalter des Anthropozän scheint nicht nur der größtmögliche Wohlstand für eine größtmögliche Anzahl von Menschen keine Utopie mehr zu sein, sondern die menschliche Spezies an Grenzen zu stoßen, wo Kultur in Perversion umschlägt.

„Schlaraffenland" stellt sich heute als reale Utopie dar, in der „Apokalypse-Blindheit" (Günther Anders) dazu führt, dass die Zukunft dem Augenblick und somit der *common sense*, die soziale Vernunft einem *carpe diem* geopfert wird. Das märchenhafte Land der „sluraffen", der Herumtreiber, Narren und Faulenzer, denen unverdient Milch und Honig fließt, wie man es im Spätmittelalter noch sah, ist immer wieder Wirklichkeit geworden, zuletzt als deutsches Wirtschaftswunderland, das sein negatives Vorzeichen zwar verlor, aber doch seine Kehrseite nicht verbergen konnte.

Wenn ein solches Land der Inbegriff des Wohllebens ist, dann wohnt der Konstruktion materieller Hochkultur die Destruktion inne. Historische Beispiele dafür gibt es genug, Oswald Spengler hat sie als Erster in einem panoramatischen, wenn auch umstrittenen Buch zusammengetragen, das den wenig zuversichtlichen Titel trägt *Der Untergang des Abendlandes* und nicht zufällig am Ende des Ersten Weltkriegs erschien.

Pessimistische Menschenbilder spielen nicht nur in der Philosophie (Thomas Hobbes), Literatur (Sophokles) und Kunst (Francis Bacon) eine maßgebliche Rolle, sondern sind auch in der Anthropologie (Derek Freeman) und der Klassischen Altertumswissenschaft (Walter Burkert) gewichtig vertreten.

Fjodor Dostojewski schrieb in seinen *Aufzeichnungen aus einem Kellerloch* von 1864, denkbar illusionslos:

> Was kann man nun von dem Menschen erwarten, von einem Wesen, das mit solch sonderbaren Eigenschaften ausgestattet ist? Überschütten Sie ihn mit allen Erdengütern, ertränken Sie ihn in Glück bis über beide Ohren, so daß an der Oberfläche des Glücks nur noch Bläschen aufsteigen, wie im Wasser, verschaffen Sie ihm einen solchen Wohlstand, daß ihm nichts anderes zu tun übrig bleibt, als zu schlafen, Pfefferkuchen zu knabbern und für den Fortgang der Weltgeschichte zu sorgen – so wird er Ihnen auch hier, dieser selbe Mensch, auch hier aus bloßer Undankbarkeit, aus Mutwillen einen Streich spielen. Er wird sogar die Pfefferkuchen aufs Spiel setzen und den verhängnisvollsten Unsinn wünschen, die unökonomischste Sinnlosigkeit, einzig, um in die ganze positive Vernünftigkeit sein eigenes, verhängnisvolles, phantastisches Element einfließen zu lassen. Gerade seine phantastischen Gedanken, seine trivialste Dummheit wird er sich

> erhalten wollen, einzig, um sich selbst zu bestätigen. [...] Falls er aber über keine ausreichenden Mittel dazu verfügen sollte, wird er sich Chaos und Zerstörung ausdenken, wird er sich alle möglichen Qualen ausdenken und in jedem Fall auf dem Seinen bestehen! [...] Sollten Sie behaupten, man könne auch dies nach der Tabelle berechnen, sowohl das Chaos als auch die Finsternis und den Fluch, so daß schon die Möglichkeit der Berechenbarkeit allem Einhalt gebietet und die Vernunft das letzte Wort behält – so wird der Mensch in diesem Fall absichtlich verrückt werden, um keinen Verstand mehr zu haben, um auf dem Seinen bestehen zu können. (1864: 22)

Aus dieser wahrlich abgrundtiefen Menschenkenntnis spricht nicht nur die Zeitzeugenschaft des europaweit gereisten Dichters, der den seit 1854 andauernden russisch-polnischen Krieg erlebte, sondern auch ein geschichtsphilosophisches Resümee, das keinen Zweifel an der Vernunftwidrigkeit menschlichen Handelns und damit dem naiven Zweckoptimismus der Aufklärung ließ. Für Dostojewski gibt es keine tröstlichen Aus- oder Rückblicke auf ein „Goldenes Zeitalter", erst recht nicht die Möglichkeit einer friedenschaffenden Sedierung der Spezies durch Wohlstand und Frieden.

Er geht sogar so weit, dass er den Beweggründen menschlichen Handelns eine absurde Volatilität unterstellt und sie somit als unberechenbar erklärt. Ein Mensch, der „in jedem Fall auf dem Seinen bestehen wird", und zwar ausschließlich deshalb, „um sich selbst zu bestätigen", und der darüber sogar „absichtlich verrückt" wird, verrät noch nicht einmal das Motiv der psychophysischen Selbsterhaltung. Dieser Mensch ist vielmehr in seinem innersten Kern böse, weil er „Chaos und Zerstörung" aus dem Repertoire seiner Wirkmöglichkeiten nicht ausschließt und damit die Schädigung anderer zur Option macht. Nicht einmal zum Begriff des Egoisten oder Soziopathen kann sich der Analyst hier durchringen, weil er den Anschein einer Pathologie vermeiden will. Von der menschlichen Bösartigkeit – „Bosheit" wäre ein zu harmloses Wort – macht man sich schlicht keinen Begriff.

Motivfreies, volatiles Handeln lässt auf Beweggründe schließen, die keiner, auch keiner psychologischen Logik genügen, weshalb man eher von Anstößen als von Gründen sprechen sollte. Wenn Dostojewski von des Menschen „phantastischen Gedanken, seiner trivialsten Dummheit" spricht, dann ist damit ein eben solcher Anstoß bezeichnet, der „sowohl das Chaos als auch die Finsternis" will oder zumindest in Kauf nimmt. Damit benennt er aber das nämliche Organ, das man einst für die „positive Vernünftigkeit" reserviert hatte: den Verstand, als Träger „phantastischer Gedanken". So scheinen also nun *Ratio* (in der Verfeinerung als soziale Vernunft) und *fixe Idee* dem gleichen Organ zu entstammen, wobei zwischen beiden eine dialektische Beziehung wie später bei Max Horkheimer und Theodor W. Adorno zumindest angedeutet ist. Offenbar ist Dostojewski hier dem Gefahrenpotenzial der Aufklärung *avant la lettre* auf der Spur, macht er doch das Irrationale bis zur Verrücktheit trotz rationaler anthropologischer Ausstattung zur volatilen Option. „Der Schlaf der Vernunft", so Francisco de Goya in seiner berühmten Radierung von 1799, „gebiert Ungeheuer" („El sueño de la razón produce monstruos").

Da sich dieses Buch vor allem mit Verhältnissen des Wohlstands und deren Auswirkungen auf soziales menschliches, also auch politisches Verhalten beschäftigt, rückt ein kulturanthropologischer Sonderfall in den Blickpunkt, der im Gesamtbild, wie Dostojewski es zeichnet, zwar heraussticht, aber dieses nicht grundsätzlich variiert.

Auch der Wohlstand macht keine *anderen* Menschen, aber er verstärkt offensichtlich destruktive Tendenzen, die auf Kosten des Gemeinwohls gehen. So provoziert er z.B. Verhaltenssymptome wie die Egomanie, die nicht nur dem Soziopathen eignet. Im Kreislauf von Gier und Konsum, dem im Wohlstand durch vorzeitige Befriedigung keineswegs vorgebeugt wird, bildet sich jene Zyklik ab, die tiefgreifender als alles andere apolitisch und zukunftsblind macht. Wie lautet Fausts Frage an den Teufel?

> Doch hast du Speise die nicht sättigt, hast
> Du rothes Gold, das ohne Rast,
> Quecksilber gleich, dir in der Hand zerrinnt,
> Ein Spiel, bey dem man nie gewinnt (Vs. 1678ff.)

Für den Bocksbeinigen kein Problem: „Mit solchen Gaben kann ich dienen." Damit fängt aber auch prompt die ‚Einteufelung' an. Was soll die Zukunft noch versprechen, wenn die Gegenwart nur das zu wünschen übrig lässt, was zwar den Wunsch, nicht aber dessen Erfüllung erneuert? So wird Zukunft in der Prosperität nicht qualitativ mitgedacht. Als Gegenstand der echten Sorge existiert sie ganz einfach nicht.

Und so ist es auch Aufgabe dieses Buches, Ursachen und Folgen der Zukunftsblindheit zu untersuchen. Dass diese Auswirkungen auf die Vorsorge hat, leuchtet ein. Dass damit in einer freiheitlichen Demokratie aber auch politische Handlungen unterbleiben, die katastrophen-präventiv wirken – denken wir an den rasanten Klimawandel –, gehört zu den weitaus folgenreichsten Konsequenzen. Und was ist mit Schulbildung, Studium, Berufsausbildung? Was mit den Prozessen kulturellen Lernens im Generationentransfer, dem Traditionserbe allgemein? Inwieweit hat dies alles Einfluss auf die sozialen Motivatoren der Gesamtgesellschaft, die doch nur als Polis, als Bürgergemeinschaft diesen Namen verdient? Wie steht es allgemein mit dem Stellenwert von politischer Partizipation und Ethik im Schlaraffenland?

Wir urbane Menschen des 21sten Jahrhunderts stecken mitten in einer Problematik, die uns schwere Sorgen bereitet, fragen wir uns doch: Wohin führt dieser Weg, wenn er aus allem sozialverantwortlichen Denken hinausführt? Wenn er Befriedung der (z.B. geopolitischen) Verhältnisse nur suggeriert, aber nicht garantiert? Und was ist zu tun, um die ausufernd hedonistische Zyklik der Selbstbefriedigung zu brechen? Wie stellen wir wieder Ziele von uns weg aus uns heraus, die über das Hier und Jetzt und unsere Bedürfnisse in der Gegenwart hinausweisen? Wie erhalten wir Demokratie, wenn uns nichts Schlimmeres zu drohen scheint als Einbußen beim Wohlstand?

Eine Schlaraffengesellschaft ist ja im Kern nur *scheinbar* selbstgenügsam, friedsam, zufrieden oder gar glücklich. Sie leidet unter ihrer Passivität, dem Mangel an Kreativität und Selbstwirksamkeit, der sozialen Indolenz – und das vielleicht, ohne es zu wissen. In der Totalität der Versorgung lauern nicht nur Gefahren für die Gesundheit, sondern auch Einschränkungen der kognitiven Mobilität und Objektivierungsfähigkeit bis hin zum Realitätsverlust.

Wenn ich mich in keiner Weise mehr verwirklichen kann (und will), bleibt die Welt fremd. Immer mehr Prozesse des Alltags werden unverständlich und anonym. Um die wirtschaftlichen Mechanismen einer Versorgungsgesellschaft in Gang zu halten, sind technokratische Systeme eingesetzt, die ein Milieu der Abstraktion schaffen, das die Virtualisierung und Subjektivierung des Welterlebens verstärkt. Je weniger aber Technologien und gesellschaftliche Prozesse verstanden werden, desto größer scheint die technokratische Dominanz, die der Einzelne als willkommenen Entzug seiner Mündigkeit erlebt.

So tragen Sorglosigkeit und Überfluss neben der politischen Indifferenz zur affektiven und kognitiven Unmündigkeit oder, wie der Kulturhistoriker Johan Huizinga einst sagte, „Puerilisierung“ (1948: 245) der Menschen bei. Günther Anders, der ähnlich von der „maschinellen Infantilisierung“ (1961: 627) sprach, diagnostizierte in der Summe die „Hoffnungslosigkeit des Schlaraffendaseins“ (1987: 203) und wies damit auf die psychische Verfasstheit einer saturierten Gesellschaft hin, die keine Herausforderung mehr bestehen, keine Bedrohung mehr sehen will und sich zum Zeitvertreib mit Genüssen und künstlichen Abhängigkeiten stimuliert.

Wie ein Beispiel zu Günther Anders' Befund der „Hoffnungslosigkeit" liest sich der folgende Artikel in der *Neuen Zürcher Zeitung* vom 12.8.2013:

> In der Schweizerischen Gesundheitsbefragung (Obsan) 2013 gaben 16 % schwache Symptome einer Depression an, gut 3 % berichteten über schwere Symptome. [...] „Aufgrund dieser Zahlen kann man vermuten, dass zirka ein Fünftel der Bevölkerung an relevanten depressiven Symptomen leidet", bilanziert Yuki Tomonaga, Wissenschafter am Institut für Sozial- und Präventivmedizin der Universität Zürich. Die Fachstelle hat kürzlich errechnet, dass Depressionen die Schweiz jährlich über zehn Milliarden Franken kosten. Da nur Personen zwischen 18 und 65 Jahren erfasst und nicht alle Depressionen gemeldet würden, „dürfte die effektive finanzielle Last für die Volkswirtschaft noch höher sein", sagt Tomonaga.

Ausgerechnet der Wohlstandschampion Schweiz, auch als „demokratisches Musterland" bezeichnet, kann sich also seiner Saturiertheit offenbar nur unzureichend erfreuen. Neuere Zahlen bescheinigen sogar fast einem Drittel der Schweizerinnen und Schweizer leichte bis schwere depressive Symptome (SRF, 17.7.2017).

In Aldous Huxley's *Brave New World* ist es die mediale Inkubitation („Riechkino") und das Rauschmittel „Soma", das für psychische Aufhellung sorgt. In den heutigen Industrieländern erfüllt diese Funktion auch der überreichliche Genuss von Zucker und Fett, von dem zunehmenden Konsum von Drogen, Psychopharmaka und Analgetika (z.B. Opioiden wie Oxicontin bzw. Oxicodon) einmal abgesehen. Die Folgen sind so dramatisch, dass man Grund hat, sich über deren weitverbreitete Akzeptanz Gedanken zu machen.

Von den ca. 2,5 Milliarden übergewichtigen bis adipösen Menschen, also einem knappen Drittel der Weltbevölkerung von 8 Milliarden, sterben heute jedes Jahr mindestens 2,5 Millionen an den Folgeerkrankungen, die meisten davon an Diabetes Typ 2 (Mellitus) und den sogenannten CVDs, den kardiovaskulären Krankheiten wie Arteriosklerose, Myokardinfarkt, apoplektischer Insult (Hirninfarkt) und Hypertonie. Hinzu kommen Erkrankungen des Bewegungsapparats, der für das hohe Körpergewicht nicht ausgelegt ist. Das Sterbealter dieser Risikogruppe liegt bei durchschnittlich 63 Jahren. Dramatischer als bei Rauchern ist die Lebenszeit bei ihnen um bis zu 15 % verkürzt. Angesichts dieser Tatsache konnte die WHO nicht anders, als von einer globalen Pandemie zu sprechen. Bis 2030 schätzt sie den Anteil der Fettsüchtigen global auf bis zu 50 %.

Wenn heute in den USA, wo der Anteil derer mit einem BMI > 25 (*Body-Mass-Index*: Gewicht in Kilogramm dividiert durch Körpergröße in Meter zum Quadrat) bei fast 70 % der Bevölkerung liegt – in Europa sind es knapp 60 % –, inzwischen 100.000 von jährlichen 500.000 Todesfällen auf Überernährung zurückgehen, dann verschafft uns das eine Vorstellung von den totalen Zahlen im Jahr 2030 bei einer Gesamtweltbevölkerung von bis dahin > 8,5 Milliarden und 50 % Übergewichtigen bzw. Adipösen. Von den rund 30 Millionen jährlichen Toten, die bis dahin auf die Hälfte der Weltbevölkerung entfallen, wären bei einem Anteil von 20 % ca. 6 Millionen allein den Krankheiten infolge Überernährung geschuldet, während bis dahin die Zahl der weltweit Unterernährten dank der ehrgeizigen Ziele der Welternährungsprogramme in den *Agenda 2030* der *Vereinten Nationen* stark zurückgehen könnte.

***

Der Wohlstand *in extremis*, so legt dies alles nahe, hat seinen Preis. Dabei scheint das Verhältnis zur Arbeit nicht nur von der Wirkung, sondern womöglich auch von den Ursachen her tangiert. Ist die Idee der Selbstverwirklichung durch Arbeit oder der Arbeit als gesellschaftliche Partizipation im Schwinden begriffen und durch zunehmende Freizeitpräferenzen, ja Freizeithunger außer Kraft gesetzt? Wird Arbeit zunehmend als Einschränkung der Freiheit begriffen, als gewaltsamer Eingriff in die Individualsphäre, als Deprivatisierung, Enteignung gar? Ist Arbeit eher wieder Fluch statt Segen?

Dass es einst umgekehrt war, mithin die Arbeit ein Segen, wurde mit der Entstehung des Bürgertums in der frühen Neuzeit, insbesondere mit der Reformation Martin Luthers zur weitverbreiteten Überzeugung. Sich „durch seiner Hände Arbeit" ein Auskommen, gar ein Vermögen zu schaffen, und sei es ein kleines, war so lange nicht selbstverständlich gewesen, wie die Standesschranken Einkünfte verhindert hatten, die Adel und Klerus nicht zu Vorteil und immer größerem Reichtum gereichten.

Bis weit ins 19. Jahrhundert hinein, ja noch darüber hinaus war es allerdings Lohnabhängigen in Fabriken und Landwirtschaft, in den Gewerben der öffentlichen und privaten Dienstleistungsbranchen unmöglich, von ihrer Arbeit auskömmlich zu leben, in vielen Fällen gar zu überleben. Insbesondere Frauen konnten sich abmühen, wie sie wollten, sie brachten es kaum dazu, sich selbst zu ernähren, geschweige denn ihre Familie. Alleinerziehenden und Alleinstehenden im Alter blühte ein Armenlos.

Das Los der Kinder unter solchen Umständen wird uns in den einschlägigen Geschichten der Volksmythologie *(Hänsel und Gretel)*, Kunstmärchen *(Das kleine Mädchen mit den Schwefelhölzern)* und der Romane etwa von Charles Dickens oder Émile Zola begreiflich. Doch erübrigt sich die imaginative Zeitreise in die Literaturgeschichte angesichts des Elends der Müllkinder Manilas oder der Kindermineure afrikanischer Gold- und Kobaltbergwerke.

Vor diesem Hintergrund versteht man leicht, dass die Vision einer mühe- und arbeitsfreien Welt ohne materielle Not eine Utopie war, welche die herrschenden Verhältnisse der Ungleichheit einerseits bestätigte, indem sie sie einer vollkommen anderen, aber eben „realen" Gegenwelt zuordnete, andererseits trotzig widerlegte, indem sie die

Hoffnung entzündete, dass man es durch Arbeit schaffen könne, aus der Armut herauszukommen. So schien es immerhin möglich, sich ein gewisses Wohlleben aus eigener Kraft zu „verdienen“ und die Schranken der Ungleichheit zu überwinden. Umso besser, wenn solche Anstrengung, wie Luther, wie Calvin sagte, „Gott wohlgefällig“ war und man sich nicht nur einen Platz unter den Besitzenden auf Erden, sondern auch unter den Seligen im Himmel „verdiente“.

Unter dem Gesichtspunkt gesegneter Arbeit durch Fleiß erschien nun Schlaraffenland geradezu unmoralisch, selbst wenn der biblische Jahwe im Fünften Buch Mose es als „Land, wo Milch und Honig fließt“ einem dereinst seligen Israel versprochen hatte: *sicut pollicitus est Dominus Deus patrum tuorum tibi terram lacte et melle manantem* (Dtn. 6, 3).

So kam es, dass die Vision einer egalitären und arbeitsfreien Welt regelrecht „verkehrt“ (also arbeitsscheu und gleichmacherisch) erschien und über verschiedene Vorstufen schließlich zur albernen „Münchhausiade“, zum „Lügenmärchen“ wurde, etwa als plump satirisches „Märchen vom Schlauraffenland“ (Nr. 67), in der Fassung der Grimm'schen *Kinder- und Haus-Märchen* von 1815:

> In der Schlauraffenzeit da ging ich und sah an einem kleinen Seidenfaden hing Rom und der Lateran, und ein fußloser Mann, der überlief ein schnelles Pferd, und ein bitterscharfes Schwert eine Brücke durchhauen; da sah ich einen jungen Esel mit einer silbernen Nase der jug hinter zwei schnellen Hasen her, und eine Linde, die war breit, auf der wuchsen heiße Fladen, da sah ich eine alte dürre Geis, trug wohl hundert Fuder Schmalzes an ihrem Leibe und sechzig Fuder Salzes. Ist das nicht gelogen genug? Da sah ich zackern einen Pflug, ohne Roß und Rinder, und ein jähriges Kind warf vier Mühlensteine von Regensburg bis nach Trier und von Trier hinein in Strasburg; und ein Habicht schwamm über den Rhein, das that er mit vollem

> Recht, da hört' ich Fische miteinander Lärm anfangen, daß es in den Himmel hinauf scholl, und ein süßer Honig floß wie Wasser von einem tiefen Thal auf einen hohen Berg, das waren seltsame Geschichten. Da waren zwei Krähen, mähten eine Wiese, und ich sah zwei Mücken an einer Brücke bauen, und zwei Tauben zerrupften einen Wolf, zwei Kinder die wurfen zwei Zicklein, aber zwei Frösche droschen miteinander Getreid aus. Da sah ich zwei Mäuse einen Bischof weihen, zwei Katzen, die einem Bären die Zunge auskratzten. Da kam eine Schnecke gerennt und erschlug zwei wilde Löwen, da stand ein Bartscheerer, schor einer Frauen ihren Bart ab, und zwei säugende Kinder hießen ihre Mutter stillschweigen. Da sah' ich zwei Windhunde, brachten eine Mühle aus dem Wasser getragen und eine alte Schindmähre stand dabei, die sprach: es wäre Recht. Und im Hof standen vier Rosse, die droschen Korn aus allen Kräften, und zwei Ziegen, die den Ofen heitzten und eine rothe Kuh schoß das Brot in den Ofen. Da krähte ein Huhn: Kickeriki! Das Märchen ist ausverzählt, kickeriki! (1815: 294ff.)

Hier straft der Erzähler im Grunde jede Schlaraffenfiktion Lügen, indem er die Leichtgläubigkeit der Menschen persifliert und gleichzeitig die kindische Albernheit ihrer Wunschvorstellungen lächerlich macht. Das fiktive Aktionsfeld wird nicht umsonst hybriden Tieren und Kindern überlassen, die absurde Handlungen begehen und die Naturgesetze auf den Kopf stellen. Die imaginierte Welt sollte nicht einfach nur „verkehrt", sondern ganz und gar widernatürlich, amoralisch und ketzerisch aussehen, was letztlich nichts anderes beweist als die bizarre Beliebigkeit der menschlichen Fantasie und deren Naturblindheit.

Nicht zuletzt ist es die bürgerliche Arbeitsmoral, die ein Wohlleben in Faulheit bei gottlosem Zeitvertreib verdammenswert erscheinen lässt. Allen (Gläubigen) soll ein Leben ohne Arbeit nicht nur sündhaft, sondern auch sinnlos, menschenunwürdig und unnatürlich erscheinen. Dass die Leistungsethik ihren Ursprung in der Chance zu Aufstieg und materieller, wenn auch noch lange nicht sozialer Gleichheit hat, mag bei dem hohen Rang der Arbeit im bürgerlichen Wertekatalog nicht immer mitbedacht sein, doch spielt die vertikale Mobilität natürlich von Anfang an eine Rolle, zumal sie durch theologische Ermunterungen vor allem im Protestantismus und seinen Spielarten verstärkt wurde.

Besonders die Nähe der Schlaraffenfiktion zum Paradies der biblischen Genesis macht den Theologen Kopfzerbrechen. Nicht zuletzt sorgt dort ja der Sündenfall für göttliche Intervention und die markigen Fluchworte, zuerst an die Adresse Evas: „Viel Mühsal bereite ich dir, sooft du schwanger wirst, und unter Schmerzen gebierst du Kinder“ (im Latein der Vulgata, Gen. 3, 16: *multiplicabo aerumnas tuas et conceptus tuos in dolore paries filios*) – dann zu Adam: „Im Schweiße deines Angesichts sollst du dein Brot essen“ (Gen. 3, 19: *in sudore vultus tui vesceris pane*).

Einen wesentlichen Beitrag zur Abwertung der Schlaraffenmotivik leistet dann neben der sexualmoralischen Verurteilung der „Freien Liebe“ und der (katholischen) Todsünde der Völlerei die Verschiebung der Utopie ins Fabulatorische, wo sie mit Beginn der Neuzeit, vor allem aber der Aufklärung zur Domäne der Einfältigen und Kinder wird. Nunmehr bleibt davon nicht viel mehr übrig als ein „Lügenmärchen“, wie wir es oben zitierten, wobei die Grimm-Brüder auf ein mittelhochdeutsches Gedicht des 14. Jahrhunderts zurückgriffen, dabei aus *affen zît* ihre „Schlauraffenzeit“ machten und alles Derbe, Erotische, Fäkalische daraus entfernten, um die Kinderstuben reinzuhalten.

Ob die Schlaraffenutopie wirklich mit der bürgerlichen Realität kollidierte, weil die Tugend der Arbeitsamkeit keine Relativierung erlaubte – oder die Tücken des Wohlstands auch unter anderen als moralischen Gesichtspunkten kritikwürdig erschienen? Dass die menschliche

Genussfähigkeit beim Schwelgen, Prassen, Huren, Saufen überstrapaziert werden konnte, wusste man schon davor, auch wenn derlei Wohlleben Klerus und Adel vorbehalten war und also im Massenformat noch lange nicht vorkam. Sieht man davon ab, dass das Los der Armut einer großen Mehrheit der Bevölkerung durch „schlaraffische" Fantasien nicht gerade erleichtert wurde und ein „Zerfall der Sitten" im Überfluss ein (vielleicht tröstlicher) Gemeinplatz war, ist von einer Reflexion der Wohlstandsproblematik, wie wir sie heute erleben, bis vor einigen Jahrzehnten (und noch heute in den Entwicklungs- und Schwellenländern) nicht auszugehen.

Dass der Massenwohlstand und gar sozialstaatliche Strukturen wie in den meisten Ländern Europas keinesfalls ohne negative Folgen sind, wird lange außerhalb der Wahrnehmung und der Erfahrung der Durchschnittsbürger gelegen haben. Dass wir heute regelrechte Fußangeln in der obsorgenden Staatlichkeit und überbordenden materiellen Absicherung sehen, ist zwar keine Diskursneuheit, aber doch weit davon entfernt in aller Munde zu sein. Die Gesellschaften setzen weltweit auf das amerikanische Wohlstandsmodell des 20ten Jahrhunderts, und das bedeutet selbstverständlich, dass es dabei keinerlei nennenswerte Nachteile zu geben scheint. Was kann es Besseres geben, als dass es möglichst vielen möglichst gut geht, lautet die Leitfrage, die natürlich davon absieht, „gut" anders als materiell zu qualifizieren.

Allenfalls liegt vielen, darunter orthodoxen Gläubigen aller Richtungen, fanatischen Hindus und fundamentalistischen Muslimen, das Wort Entspiritualisierung auf der Zunge, wenn sie die weltweite „westliche" Wohlstandsszene beurteilen, doch scheint dabei der materielle Überfluss, wenn überhaupt verantwortlich, nicht an sich anstößig zu sein, sondern vielmehr die Parteinahme für die „falsche" Religion oder doch generell die Abkehr von Kult, Glauben und vor allem hieratischer Autorität. Auch die Muslime der Golfstaaten leben größtenteils in opulentem

Wohlstand, ohne dass der Luxus als solcher Einfluss auf ihre teils radikale Auslegung des Islam und die religiöse Gefolgschaft hätte. Spiritualität und Luxus scheinen sich bei zweckdienlicher Auslegung genauso wenig auszuschließen, wie sozialistische Ideologie und kapitalistische Praxis, autokratische Herrschaftsstrukturen vorausgesetzt.

In der Regel bleiben so die tieferen Probleme des Wohlstands von der religiösen und intellektuellen Kritik ausgenommen. Da dazu vor allem anthropologische und psychologische Kriterien herangezogen werden müssen, stoßen solche Überlegungen auf ideologische Abwehr, besonders dann, wenn sie konsumkritisch sind und in der Substanz Verzicht oder gar Askese bedeuten. Von den Folgen der Abhängigkeit, von einer „Entmündigung durch die Hintertür“, insbesondere von Erfahrungsverlust, Infantilisierung oder „Puerilisierung“ (Huizinga) ist nur in einigen kulturkritischen Sozialphilosophien die Rede. Die Mehrheit der Bevölkerung würde nicht nur den Verblödungsvorwurf energisch zurückweisen, sondern auch das mildere Verdikt der Wohlstandsverwahrlosung, das sie für üble Nachrede von „Zukurzgekommenen“ halten.

Offenbar sorgt in westlichen Ländern gerade das unmittelbar benachbarte Nebeneinander von äußerer Demokratie und innerer Lenkung, Aufklärung und Irrationalismus, Information und Verführung, Freiheit und Zwang für Massenblindheit oder zumindest Verharmlosung bezüglich der Verfasstheit bürgerlicher Identität. Das autoritäre Netz der Auflagen und Bedingungen ist durch Strukturen sanfter Gewalt – Pierre Bourdieu spricht von „violence douce“ (1980: 219) – und kleinen Belohnungen so fein gesponnen, dass es im Rahmen des propagierten Liberalismus und der Marktwirtschaft nicht wahrgenommen oder allenfalls als irrelevant abgetan wird.

Kein Käfig ist so unauffällig und einladend wie der goldene. Da er aber nicht für alle golden ist, müssen andere Mechanismen dafür sorgen, dass er seinen Nutzern nicht als Gefängnis oder gar Falle erscheint. Hier sprechen wir dann über die Fassadenwirkung des Wohlstands und das hintergründige Wirken der wahren, der psychonormativen Machtverhältnisse. Hier sprechen wir vor allem auch von Konsum, Bequemlichkeit, Erfahrungs- und Traditionsverlust, schließlich von wachsender Anomie- und Lebensangst. Den Status nie gekannter Sicherheit durch das Ausmalen von Bedrohungsszenarien zu zementieren, gehört zu den Strategien der Wohlstandsmakler, die möglichst viele zu Ihresgleichen machen wollen und das soziale Netz ohne Angabe der Maschengröße und Kosten anpreisen.

Was aber macht das aus den Menschen, wenn sie überversorgt sind und sich in einer nie gekannten Lebenssicherheit wiegen; wenn die biologischen Signale ein rekordhohes Lebensalter versprechen und die „Humanisierung" der Arbeit diese paradoxerweise immer mehr zum Vermeidungsgeschäft, gar zum Fluch, immer weniger zum Segen werden lässt; wenn körperliche Anstrengung durch Transport-, Produktions- und landwirtschaftliche Maschinen nicht nur wegautomatisiert, sondern auch marginalisiert, ja diskreditiert wird; wenn immer mehr Menschen immer mehr „Freizeit" genießen, immer reguliertere Organisationsformen, Fürsorgesysteme, Verwaltungsapparate das selbstständige Denken und Handeln erübrigen? Nicht zu vergessen die vielfältigen Auswirkungen auf die Gesundheit, wie sie mit bewegungsarmer Lebensweise, falscher oder überreichlicher Ernährung einhergehen und körperliche Arbeit doppelt schwer, ja unmöglich erscheinen lassen.

Wir stellen diese Fragen auch angesichts der Tatsache, dass Gesellschaft dank immer weniger sozialer Interaktion und Partizipation immer weniger Gemeinschaft bedeutet; dass die Weltbevölkerung insgesamt wächst, während regionale Bevölkerungen wie die europäischen und einige ostasiatische schrumpfen und dramatisch überaltern; dass der Raum für jeden Einzelnen tendenziell immer kleiner, die Ressourcen knapper, die Überlastung der Biosphäre immer größer wird.

Schon heute bedeutet also das Leben im Wohlstand ein Leben mit scharfen Widersprüchen, ein permanentes Ausreizen der Möglichkeiten gegen alle Vernunft. Bei einem vitalistischen Lebenskonzept ist das Spiel mit dem Glück kein Spiel für die Ewigkeit und die Existenz von Widersprüchen kein Einwand gegen hedonistisches Ausleben. Doch in der bürgerlichen Welt scheint das Glück nicht auf Sand, sondern auf Stein gebaut, dünkt es sich „sauer verdient" und keineswegs „vom Himmel gefallen".

Die bürgerlichen Schlaraffen feiern nicht das Leben, sondern ruhen sich von ihrer vermeintlichen Leidensgeschichte aus. Sie belohnen sich mit Genuss, sind also keineswegs wie jene biblischen Vögel, die nicht säen und nicht ernten und die der himmlische Vater doch ernährt (nach Matth. 6, 26 oft zitiert in diesem Zusammenhang). Leben im Wohlstand wird deshalb nicht als unverhoffte Gabe begriffen, sondern als das Recht der Fleißigen, Strebsamen, Bemühten, ja als epochaler Feierabend, der industrialisierten Ländern endlich ins Haus steht. Der Wohlstand ist bei genauerer Betrachtung also gar kein Schlaraffenland, sondern ein selbstinitiiertes, selbstverschriebenes, selbsterrichtetes und allzeit hochverdientes Wellnessparadies. Hier gibt es nichts, was einem von „oben" etwa als Erbe zufällt, sondern alles scheint redlich erkämpft, erworben, *erschaffen*. Das eben ist das Unheilvolle: dass der Wohlstand angetreten wird, als sei er schon immer dagewesen; dass ihm keinerlei Wegbereitung mitgegeben scheint, deren Mühsal man zum Maß der Erhaltungsarbeit machen könnte. Auch wenn der Faust'sche Imperativ „Erwirb es, um es zu besitzen" dabei auf den Kopf gestellt ist, glaubt man sich als Enterbte, die es aus eigener Kraft zu etwas gebracht haben.

Hier gibt es also keinen Schöpfer, der seine Schöpfung mit uns teilte, sondern eine Gesellschaft, die ein Besitzrecht einfordert und sich illusionär der Urheberschaft des Wohlstands zeiht. Der Geist, der über den Gütern schwebt, ist niemand anderes als *homo deus*. Die von ihnen zehren, sind nur sich selbst Dankbarkeit schuldig, sie legitimieren sich durch sich selbst und sind keiner anderen Macht etwas schuldig, weil es eine solche Macht nicht gibt. Das Paradies der Zivilisation ist interventionsfrei. Weder Gott noch Schlange sind vorhanden. Eine Vertreibung wegen Sündenfalls steht nicht zu befürchten, der biblische Fluch ist Vergangenheit.

Was geschieht mit einer Gesellschaft, die keine Dramaturgie mehr kennt, keine der Verschlechterung, keine der Verbesserung, keine der Bewährung, keine der Aufarbeitung? Die alles, was ihr zu Wohlstand verhalf, auch „verdient“ zu haben glaubt? Die weder zufrieden noch unzufrieden ist, ohne zu wissen, was ihr „fehlt“, ohne zu wissen, was ihr nicht „fehlt“.

Ein Paradies ohne Teufel gibt es nicht. Das englische Sprichwort erinnert daran: „Better the devil you know than the devil you don't.“ Der Indikator wirklicher Zufriedenheit ist das vitalistische Ja zum Leben, dasselbe Ja, das Lächeln und natürliche Fröhlichkeit hervorbringt. Das Wohlstandsparadies dagegen begünstigt keinen Vitalismus, sondern eine Wellnessmentalität, welche die Annehmlichkeiten des Lebens für dessen Sinn hält. „Genießen ohne Reue“ bedeutet ritualisierten Konsum, das Gegenteil von freudvollem Lebensvollzug.

Zum Topos Schlaraffenland gehört die Vorstellung grenzenloser (sexueller) Lust, darüber hinaus von Freiheit in allen Dingen: leicht durchschaubare Projektionen einer durchreglementierten Zivilisation. Dass Freiheit ohne ihr Gegenteil, wie wir sie ja doch im Schlaraffenland erwarten, ohne Qualität ist, versteht sich ebenso, wie dass es in einer permissiven Gesellschaft keiner Erlaubnis mehr bedarf, etwas zu tun oder zu lassen. Zustände in qualitativer Totalität, ob gesellschaftliche oder psychophysische, haben keine Wahrnehmung ihrer selbst, können sich also auch ihrer selbst nicht erfreuen.

Den Schlaraffen müssen wir uns deshalb als vollkommen gleichgültigen Menschen vorstellen, weil es nichts gibt, was er anstrebt oder ablehnt, kein Wünschen und Wollen, kein Nichtwünschen und Nichtwollen. Dass er unter diesen Umständen kein Mensch mehr ist, wie ihn die Phylogenese kannte, versteht sich beinahe von selbst. Andrew Stanton hat ihn in seinem computeranimierten Film *WALL-E* von 2008 treffend nachempfunden.

Damit aber haben wir den vielleicht brisantesten Teil der Wohlstandsproblematik schon angesprochen. Dehumanisierung ist die eine Seite. Der Mensch der rundum versorgten Zivilisation ist zumindest ein *anderer*, als wir ihn kannten. Sein anthropologisches Erbe ist dahingestellt; wir wissen nicht wirklich, wer er ist. Wenn wir die vergangenen 100 Jahre zum Maßstab nehmen, haben wir keinen Grund von einer historischen Fortsetzung *ad infinitum* auszugehen. Kontingenz und Diskontinuität nehmen zu. Es ist, als ob weltgeschichtlich ein anderer am Ruder wäre, einer, den wir noch zu wenig kennen, um ihn von seinen Vorgängern zu unterscheiden. Der postmoderne Mensch im Wohlstand inkorporiert die Widersprüche zum hybriden Charakterbild und bildet Züge aus, die Gegensätze wie Krieg und Frieden, Aggressivität und Sanftheit, Wahrheit und Lüge, Gesundheit und Krankheit zur salonfähigen Einheit verschmelzen.

Dieser Mensch – wenn er den Namen verdient – ist mit humanistischen, geschweige denn moralischen Maßstäben nicht zu messen. Er ist ein Neutrum wie die Maschine, der er immer mehr ähnelt. Da er nicht mehr *wollen* kann, kann er sich auch nicht ändern oder gar abschaffen wollen. Er ist also vollkommen unfähig sich auf neue planetarische Verhältnisse einzustellen, geschweige denn politische Teilhabe zu üben. Damit wird alles Gesellschaftliche, wird die Zukunft zu einer Größe, die er zwar mit seiner Anwesenheit, d.h. seinem Verbrauch, seinem Müll, seiner Lebensumwelt, seiner Technologie, prägt – von Gestaltung kann nicht die Rede sein –, an deren sich wandelnden Anforderungen er sich aber nicht anpassen kann. Früher oder später wird er zum Anachronismus der Menschheitsgeschichte, nachdem er das Stadium der „Antiquiertheit“ (Anders) ja bereits passiert hat. Mit ihm ist kein Staat zu machen, erst kein demokratisch verfasster, der ohne Partizipation zur autoritären Farce wird.

Dieser – zugegeben idealtypisch konstruierte – Schlaraffenmensch bildet durchaus die Grundzüge des zeitgenössischen Wohlstandsbürgers ab, der nach dem Gesagten weit davon entfernt ist, Bürger im Sinne eines *citoyen* zu sein. Was ihn berechenbar macht, ist sein eingeschränktes, wenn nicht unmögliches Lernvermögen, seine – sagen wir es unverblümt – Lebensdummheit. Es ist die Dummheit der schlechteren Maschine, der überholten Konstruktion, des obsoleten Nachzüglers. Was ihn andererseits unberechenbar und für die globale Biomasse gefährlich macht, ist seine hybride Struktur, die eine undurchschaubare Volatilität bedingt. Seine Neigung zum Apolitischen kann nicht darüber hinwegtäuschen, dass er ein unkompliziertes Verhältnis zu Obrigkeiten aller Art hat und sich bereitwillig von Autokraten regieren lässt, die ihm wie allen Willfährigen wohlgesonnen sind.

***

Unsere Spezies war über Jahrtausende an ein Naturkontinuum gewöhnt, das zwar zyklische Wechsel, aber kaum größere Brüche in kurzer Zeit kannte. Seit Beginn des Anthropozäns häufen sich diese jedoch. Heute sind die Zeitenwenden gar an der Tagesordnung und nicht nur die Techno-, sondern auch die Biosphäre ist raschen Veränderungen unterworfen. Dadurch hat die Akzeptanz gegenüber wechselnden Umständen zwar zugenommen, aber die Anpassungsgeschwindigkeit blieb doch hinter dem zunehmenden Tempo der Veränderungen zurück. Widerwillig nehmen wir das globale Geschehen zur Kenntnis und versuchen die Schreckensmeldungen etwa über geophysische Veränderungen wie den Klimawandel oder über das Artensterben von uns fernzuhalten.

Sind aber die Älteren unter uns sich bewusst, dass sie und niemand sonst es sind, die nebst ihren Altvordern dafür verantwortlich zeichnen? Dass es spätestens an ihnen gewesen wäre, den Schaden zu vermeiden oder gering zu halten – und dann mindestens wiedergutzumachen? Als einer der Vordenker der Amerikanischen Unabhängigkeitserklärung und Gründerväter der USA schrieb Thomas Paine im Dezember 1776:

> [...] a generous parent should have said, "If there must be trouble, let it be in my day, that my child may have peace;" and this single reflection, well applied, is sufficient to awaken every man to duty. (1995: 74)

Das Erstaunliche ist, dass keine der höchstens zehn Generationen seit Beginn der Industrialisierung auch nur in Ansätzen diesen Gedanken politisch verfolgt und nutzbar gemacht hätte, von öffentlicher Reue ganz zu schweigen. Dass dereinst eine ungeheure Rechnung zu zahlen wäre, eine, die alle Mittel der Menschheit übersteigt, dieser Gedanke kam wohl kaum einem Vertreter jener (und heutiger) Generationen in den Sinn, jedenfalls nicht so, dass er dabei mehr als höchstens ein paar private Gewissensbisse empfunden hätte.

Alle Mittel zur Wohlstandserlangung erschienen bis vor Kurzem, ja erscheinen bis heute gangbar und richtig. Gegenwärtig erachtet ein Großteil der Bevölkerung es noch immer für absurd, Maßnahmen zur Eindämmung künftiger Naturkatastrophen zu treffen, wenn diese als von menschlicher Hand ausgelöst oder auch nur begünstigt gelten.

Während das Gros der Wissenschaftler bereits um das Wohl der Menschheit auf dem Planeten bangt, setzt die Mehrheit der „entwickelten“ Weltbevölkerung ihr konsumhungriges Leben wie gehabt fort. Wer nicht (mehr) auf die Ziele des Wohlstands unter den rabiaten und ausbeuterischen Voraussetzungen vergangener Jahrhunderte setzt, gilt als fortschrittsfeindlich, wenn nicht verrückt.

Die Menschheit läuft offenbar wohlstandsverdummt und habgierblind auf unberechenbare, möglicherweise abgründige Lebenslagen zu. Und so scheint sich die alte Wahrheit zu bestätigen, dass einmal eingerichtete Bequemlichkeiten niemals ohne unmittelbare Not aufgegeben werden. Der Luxus wird rasch zur Notwendigkeit.

Hindern also die übervollen Töpfe sie daran, sich den Mangel vorzustellen? Gehört die Gier inmitten der Fülle zum anthropologischen Repertoire, der Endlosverbrauch zur Zukunftsvermeidung? Spielt dabei Langeweile eine Rolle, die passive Empfängerhaltung, die das intelligent-kreative System untergräbt, die Erfahrung der Selbstwirksamkeit aussetzt und im aggressiven Gefühl totaler Abhängigkeit Autonomie in parasitäre Regression verwandelt?

Wirkt sich die Passivität also selbstmörderisch aus? Tritt dazu stellvertretend für Reue eine gewisse „Lust am Untergang“ auf den Plan, welche die Selbstbestrafung der Menschheit um ihrer wundersamen nachapokalyptischen Neugeburt willen imaginiert?

Da zu vermuten ist, dass apokalyptische Szenarien bei aller Abschreckung faszinierende Qualitäten haben, müssen wir dieses „blind“ und „verdummt“ relativieren und über die „Untergangslust“ nachdenken. Dass dabei ein uraltes mythologisches Schema greift, macht die absurde Lebensmüdigkeit ganzer Gesellschaften vielleicht begreiflicher; eine Lebensmüdigkeit, die alle Lustbarkeiten ausreizt, um sich im gedanklichen Spiel mit deren Ende weitere (masochistische) Lust, den ultimativen Kick zu verschaffen, gleichzeitig aber eine moralische Rehabilitation *postfestum* zu etablieren.

Hier wäre also eine *selffulfilling prophecy* am Werk, die noch in der Phase der Dekadenz den Propheten bestallt wie einst die Könige ihren Narren. „Hiermit prophezeie ich unseren Untergang“ ist die vielleicht raffinierteste Legitimation für jegliche Ausschweifung auf Kosten der Zukunft. Sie verrät die Aufspaltung in Tun und Denken, Handeln und Urteilen, wie sie der Zyniker vornimmt, der die Kunst beherrscht, gleichzeitig Ja und Nein zu sagen.

Wenn wir von mythologischem Muster sprechen und apokalyptisches Denken voraussetzen, sind postapokalyptische Erwartungen anzusprechen, die, bewusst oder unbewusst, eschatologische Qualitäten einschließen. Damit erklärt sich die „Untergangslust" als „Untergangsseligkeit", die, ungeachtet sittlich-moralischer Selbstbeurteilung, mit Erlösungsutopien einhergeht, ja diese mit den gelebten Wohlstandsutopien ineinssetzt.

„Schlaraffenland", so scheint es, ist mit eschatologischen Qualitäten verwachsen, die seinen Bestand unsterblich machen. So fallen Zeiten und Zustände vor und nach der „Sintflut" praktisch zusammen; das eine scheint das andere nach sich zu ziehen, ja vorauszusetzen.

Spätestens an dieser Stelle wird deutlich, wie selbstgerecht und metaphysisch abgefedert das Leben im Wohlstand sein Recht fordert und dabei gar kosmologische Register zieht. Religionen haben sich das zunutze gemacht und ihre Anhänger zu einträglichem Fleiß ermuntert, und sei es nur zum materiellen Gedeihen ihrer Priesterklasse. Auf Arbeitsamkeit und Wohlstand lag der Segen Gottes. Wer es nicht weit genug brachte (nicht notwendig aus eigener Kraft), hatte nicht nur auf Erden, sondern auch im Himmel das Nachsehen.

Im Zusammenhang mit der Diskussion um die Präsidentschaft in den USA wurde oft übersehen, wie sehr das weiße Amerika mit dem Puritanismus und dieser wiederum mit republikanischen Wertzielen verbunden ist. Wer es nicht „schafft" („make it"), muss den Beistand des Schöpfers („Maker") verwirkt haben. Das Demiurgische im Menschen folgt aus dessen „Machart".

Politisch bedeutet das, dass soziale Interventionen durch den Staat nicht im Schöpfungsplan vorgesehen sind. Selbst dann, wenn staatliche Privilegien oder Korruption zum Aufstieg verhelfen, zählt das als clevere Eigenleistung, nicht als unverdiente „Hilfe von oben". Wer sich selbst hilft, dem hilft Gott, auch wenn ihm käufliche Chargen dabei den Weg ebnen.

So scheint auf Prosperität jedweder Art und Herkunft der Segen der Götter zu liegen. Wer oben ist, genießt unumschränkte Reputation und Affirmation. Indem dieser Zustand zweifelsfrei ist, drängt er nicht nur nicht nach Veränderung, sondern er ignoriert auch seine elitäre Stellung in einer Welt, in der noch immer die relative Armut Standard ist.

Der soziale Skandal der Ungleichheit macht sich freilich nur in einer Gesellschaft auffällig, in welcher der verfasste Gleichheitsanspruch die Prosperität aller fordert, ohne diese doch garantieren zu können. Wer unter solchen Umständen materielle Privilegien genießt, muss also die Augen verschließen, was unsere Schlaraffen in ihrer Saturiertheit zumindest irritieren dürfte.

Allerdings wird Ungleichheit „oben" anders erlebt als „unten" und wieder anders als in der sozialen Mitte. Während die „Mitte" in ihren Aufstiegszielen bestätigt wird, fühlt die Unterklasse sich schicksalhaft „abgehängt", wohingegen sich die Privilegierten als das Maß der Dinge begreifen. Ein echtes Interesse an der Rekrutierung weiterer Schlaraffen aus der Unterklasse haben sie nicht, wohl aber erhoffen sie aus der Mitte „Verstärkung", um ihren Lebensstandard zu legitimieren. So droht für sie gesellschaftsweit keine Infragestellung, nicht einmal von unten, wo man sich in vielen Ländern vor allem Asiens mit dem Los der Unterprivilegierten abgefunden hat.

Wo rebellische oder gar revolutionäre Traditionen bestehen wie in den Ländern Südamerikas oder Afrikas, gelten diese inzwischen als hoffnungslos und obsolet, zumal die Bevölkerungszahlen in jenen Schichten dort rasch wachsen und der soziale Aufstieg daher umso unwahrscheinlicher erscheint.

Dass der Tisch für alle gleich reich gedeckt würde, gilt heute mehr denn je als soziales Märchen, dem mit zunehmender Weltbevölkerung und knapper werdenden Ressourcen – Beispiel sauberes Wasser, medizinische Versorgung – immer weniger Chancen auf auch nur annähernde Verwirklichung eingeräumt werden.

Gemessen an der Ausbreitung der menschlichen Spezies und ihren Auswirkungen wird der Planet immer kleiner, schrumpfen die Möglichkeiten egalitärer Versorgung. Die Stunde der Ideale und berechtigten Hoffnungen auf „Wohlstand für alle" scheint – *horribile dictu* – vorüber, ohne dass Schlaraffenland ernsthafte Angriffe erlebte und heute befürchten müsste.

Der gedeckte Tisch scheint sogar immer weniger Neider zu haben, da sich unter den Massen der Unterprivilegierten immer weniger Menschen realistische Hoffnungen machen, dort einst zu sitzen.

***

Es mag unangebracht, ja verstörend sein, die „Abschaffung der Zukunft" auch nur zu denken, ohne die wörtliche Lesart auszuschließen und den metaphorischen Bezug herzustellen. Zwar soll hier nicht ausdrücklich von der bevorstehenden Apokalypse die Rede sein (die freilich nie ausgeschlossen ist), doch ist der *Absolutismus des Gegenwärtigen*, der die Schlaraffenmentalität kennzeichnet, eine der Voraussetzungen für jene „Apokalypse-Blindheit", von der hier verschiedentlich die Rede ist.

Das Schlaraffenland kennt in der Tat keine Zukunft, weil die Gegenwart bereits das Ende der Geschichte darstellt, indem der herrschende Wohlstand keine weitere Entwicklung impliziert, ja diese geradezu verbietet. Wo Bedürfnisse gar nicht erst entstehen, weil die Erfüllung ihnen sozusagen zuvorkommt; wo das Morgen niemals besser sein kann als das Heute, ist der Augenblick Ewigkeit und das Rauschen der Zeit nicht vorhanden.

Auch wenn „Dasein" ohne das (Heidegger'sche) Existential der „Sorge" eine ontologische Aberration ist, so ist genau dies doch ein Wesensmerkmal der Schlaraffen. Das

Milieu des Wohlstands, den eine überwältigende Versorgungsmaschine erzeugt; das Leben ohne (große) Mühe und Arbeit; die Bestätigung des Selbst im faulen Dauerglück der anonymen Obsorge: all das lässt jegliches Leid, lässt den Tod – beides vorerst nicht abzuschaffen – als peinlichen, aber unaufgeregten Skandal erscheinen, über den man möglichst schnell hinweggeht.

Ohne die Sorge aber gibt es auch keine *Vorsorge*, da die Gegenwart keinen Zeithorizont hat, bis zu dem oder über den man hinaussehen müsste. Vielmehr verschwendet der Schlaraffe keinen Gedanken auf „das, was kommt", weil er weder etwas gehen noch kommen sieht. Er nimmt nicht einmal das ständige Kreisen wahr, das seinen Tag bestimmt, da dieser sich in der Wiederholung zu einem Stillstandsmuster festigt und alle Tage zu einem einzigen agglomeriert. Wenn wir bei der Schlaraffengesellschaft überhaupt noch von „Gesellschaft" sprechen wollen – tatsächlich hat diese mit einer empathischen Gemeinschaft nichts zu tun, da in der gegebenen Komfortschwemme alle sozialen Reflexe ausgesetzt sind –, dann besteht sie aus schein-autarken Individuen, die keine Ansprüche an andere mehr stellen, weil sie deren Dienste oder Hilfe nicht nötig zu haben glauben. Die Lebensvollzüge sind eingespielt, über allem scheint eine gütige Macht zu schweben, die keinerlei Zweifel am Behütetsein aufkommen lässt. Die Illusion der optimalen Schicksalsfügung ist so perfekt, dass Stimmen, die etwas anderes behaupteten – wir nehmen aber an, es gibt sie in einer solchen Gesellschaft nicht (mehr) –, der Lügen bezichtigt würden. Kritiker des Schlaraffendaseins sind daher nur als Renegaten denkbar, unbelehrbare Neinsager, Dissidenten.

Für den unwahrscheinlichen Fall, dass sich tatsächlich noch einige Nicht-Schlaraffen mit Wortmeldungen hervortäten, die z.B. Forschungsresultate der Wissenschaften über bedrohliche Krankheiten oder hereinstürzende Kometen verbreiteten, dann wäre der aggressive Schutz der „Wahrheit" Bürgerpflicht.

Grundsätzlich gelten warnende Vorhersagen katastrophischer Verläufe schon deshalb als Humbug, weil allein der Begriff „Zukunft“ der Vorstellung eines Schlaraffen widerstrebt. Außerdem wird es als unmoralisch und anmaßend gesehen, von einer Zeit zu sprechen, die es gar nicht gibt. Wie soll einer Recht haben, der nicht gelernt hat zu schweigen, worüber man nicht reden kann? Alles spricht dafür, dass die Gegenwart es ist, an der man Maß nimmt, und dass goldrichtig liegt, wer sich auf *jetzt* beruft.

Schlaraffenland bietet also ideale Voraussetzungen für das Gedeihen von Lügen, Ignoranz und Illusionismus, gefolgt von Ahnungslosigkeit, Fatalismus und naivem Optimismus. Wissen ist Arbeit und schon deshalb kommt es in diesem Land nicht vor, jedenfalls nur als Halb- und Besserwissen, das aber nicht in Konkurrenz zu anderen Schlaraffen tritt. Über Wissen spricht man nicht und über „Wissenschaft“ erst recht nicht. „In jedem Kopf steckt ein Märchen“, heißt ein pädagogisches Sprichwort; das ist zwar in keinen zwei Schlaraffenköpfen gleich, aber niemals so grundverschieden, dass es zu Uneinigkeit führt. Streit gibt es nur mit Dissidenten, der aber wird im Keim erstickt, danach greifen Umerziehung oder ärztliche Behandlung.

Man darf sich diese große Einigkeit in allem „Nötigen“ – Voltaire sprach in seinem Gedicht *Le Mondain* von „Le superflu, chose très nécessaire“ (1877: 84) – aber nicht so vorstellen, dass da etwa ein Meinungsbrei eine gewisse monotone Langeweile aufkommen ließe; vielmehr handelt es sich keineswegs um einen Brei, sondern ein luftiges Soufflé, und außerdem haben die Schlaraffen untereinander Besseres zu tun, als sich zu unterhalten und dabei die Mühen des „Meinungsaustauschs“ auf sich zu nehmen.

Schlaraffenland ist daher ein eher stilles und vor allem konfliktfreies Land, manche sprechen von Friedhofsruhe, aber das ist natürlich übertrieben. Nichtsdestoweniger könnte der Eindruck von Frostigkeit und Passivität entstehen, welcher allerdings der Disziplin geschuldet ist, die das Leben im Luxus erfordert.

Tatsächlich ist die Zukunftslosigkeit eine Sache mit vielen Vorteilen. Keine Vorsorge treffen zu müssen, weil für alles gesorgt ist, spart nicht nur Geld und Ressourcen, die für das Hier und Jetzt verwendet werden können, sondern auch Nerven. Der psychische Haushalt der Schlaraffen, da er nicht von Erwartungsängsten und zehrender Sorge unnötig belastet wird, kann sich ganz dem Wohlergehen in Sicherheit und Sattheit anheimgeben und so Kräfte und Säfte schonen. Da sie alle Vorräte an den Augenblick verschwenden, diese aber bei allem Überfluss nicht in beliebiger Menge und für alle gleich vorhanden sind, wirkt sich die psychische Schonung auch physisch als ressourcensparender Faktor aus. So kann guten Gewissens verschwendet werden – oder vielmehr: so kommt die Verschwendung erst gar nicht zum Vorschein. Und natürlich wirkt sich auch dieses: das gute Gewissen als hilfreich aus, wenn es um die Minderung von Reibungsverlusten und Verschleiß geht, wie sie das Leben mit sich bringt.

An dieser Stelle ist über etwas zu reden, was den westlichen Menschen bis weit in die Moderne hinein in den Wahnsinn trieb und als geradezu systematische Unersättlichkeit gelten kann: das sog. „Faustische“. Es ist der ewige Hunger nach Neuem, Anderem, Schönerem, nach Ewiger Jugend und astraler Erkenntnis. Es ist das Unstete, Unbehauste, Heimatlose; der Drang der Leidenschaft nach Leidenschaft, die Sucht der Liebe nach Liebe; das Streben nach Macht, Gold, Omnipotenz …

Alles erreicht zu haben, genügt dem „Faustischen Menschen“ nicht, er will mehr als alles, überhaupt *mehr* – als Prinzip. In diesem heillosen Streben (in dem Oswald Spengler den *Untergang des Abendlands* prädisponiert sah) steckt die Wurzel von Barbarei, Naturvandalismus und Selbsthass. Im Prinzip der Ewigen Suche (manche sagen: Suche nach dem Nichtzufindenden), das der Moderne als Grundmuster innewohnt, ist ein Übel verborgen, das sich als Erkenntnishunger vornehm kaschieren kann, aber auf Selbstverbrauch und Selbsterschöpfung angelegt ist und zu innerer Ausblutung, Dehydrierung führt. Fausts Forderungskatalog an Mephistopheles – wir zitierten oben daraus – ist dort am brisantesten, wo er die Nichterfüllung aller Wünsche, die Nichterreichung aller Ziele, den dauerhaften Nichtstillstand fordert (der in seiner Dauerhaftigkeit – *nota bene* – auch ein langgezogener Stillstand ist).

Die Feier des Egoismus im Kollektivformat ist anstößig, aber auf den ersten Blick gefährlich ist sie nicht, solange sie keiner in Frage stellt und anfeindet. Auf den zweiten Blick allerdings ist die damit verbundene Geschichtsvergessenheit ein Übel, aus dem leicht andere folgen könnten. Wer vergisst, wie er geworden ist, was er ist, entwickelt keinen Begriff von Chronologie, Dynamik oder Logik der Zusammenhänge. Er hat keine Vorstellung von Wachstum, Transformation oder Entstehung, sieht kein Gesetz, das darin wirken könnte, keine Mechanik, die darin am Werk wäre. Keine Menschenkenntnis kann ihm das Orakel ersetzen, das er sich gewogen stimmt.

Es wäre aber durchaus falsch, die Schlaraffen anzuklagen und sie der Vogel-Strauß-Politik zu zeihen. Es ist kein dümmlicher Tiefschlaf, in dem sie verharren, sondern eine Schicksalsfalle, ein unvermeidliches Bedingungsprodukt, das sie am endlich erreichten „Ende der Geschichte" lebens- und zukunftsblind macht. Wer darin ist, kommt schwerlich heraus, und wie bei bestimmten Psychopathologien ist es fraglich, ob man sie oder ihn da überhaupt herausholen sollte. Auch wenn es gebirgsgroße Kometen vom Himmel hagelt wie in jenem Hollywood-Film *Don't Look up* (2021), wo der vorhergesagte sichere Weltuntergang nur auf ungläubiges Schulterzucken, Wissenschaftsschelte und amüsierte Verharmlosungen stößt, sind die Schlaraffen unfähig, zukünftiges Unheil durch rechtzeitiges Handeln abzuwenden. Ihre Wahrheit ist persönlich und absolut, alle Relativität ausgehebelt. Autorität ist das weit abgedrängt ferne Gespenst der Vergangenheit, in dessen Haut längst jeder selbst geschlüpft ist, freilich unter anderem Namen: Ich

2.

Die Abschaffung der Tatsachen

Die Tendenz zur Privatisierung der Wahrheit zeigt sowohl die Stärke als auch die Schwäche des menschlichen Geistes an. Selbst wenn der Einzelne in die Konventionen des *common sense* eingebettet ist und vernünftiges Handeln zu seinem Leitbild gehört, ist die Verführung zur Konstruktion der höchsteigenen Wirklichkeit oder zum gläubigen Gehorsam zumeist größer als alle Vernunft. Die Frage des römischen Statthalters Pilatus, wie sie der biblische Evangelist Johannes (Joh. 18, 38) zitiert, ist in einer synkretistischen Welt selbstverständlich, in einer wissenschaftlichen ist sie die Frage nach den Tatsachen: *Quid est veritas?* („Was ist Wahrheit?")

In beiden Welten bedarf es der Personen, die sich für jene Wahrheit verbürgen, ja die dafür stehen, in der Wissenschaft allerdings scheinbar weniger als in der Metaphysik. Und hierin liegt ein Problem, das man lange unterschätzt hat. Was, wenn allein Vernunft, Wissen, Verstand über „Wahrheit" entscheidet? Wenn also jeder seine eigene Autorität, seine eigene Gewährsperson in Sachen Tatsachen ist? Wenn die Tatsachen persönliches Hoheitswissen sind, zu dem auch der Zweifel gehört? Ist Autorität dann nicht ein Begriff, der in dem Maß gebraucht wird, wie er sich scheinbar erübrigt?

Wenn wir über Autorität sprechen und uns auf althergebrachte Muster berufen, stehen uns vermutlich hieratische oder weltliche Verhältnisse vor Augen, wo wir die lateinische Wurzel *auctoritas* einerseits (wie Cicero) mit amtlichen Würden und Weihen, öffentlicher Reputation und charismatischer Persönlichkeit, andererseits mit genealogischer Rangordnung verbinden. Staatstragende Personen, der Familienpatriarch, die Kirchenobrigkeit, die Lehrenden an Schulen und Universitäten, die Größen der Kultur- und Geistesgeschichte sind oder waren Autoritäten, für die sie Amt, Rolle, Können, Wissen, Traditionserbe und Verantwortung qualifizierten.

Schauen wir uns diesbezüglich die Strukturen in Europa, aber auch in vielen der übrigen OECD-Staaten heute an, so beobachten wir Veränderungen vor allem beim Stellenwert der Rollen-, Funktions- und Wissensautoritäten. Die väterliche, die mütterliche Autorität, die der Alten: wo sie noch behauptet wird, gründet sie immer weniger auf fragloser Autorität und stattdessen dem Anspruch auf eine funktionale Führungsrolle. Die Eltern, die Lehrer, die Alten, die Amts- und Wissensträger, sie sind keine „Respektspersonen" *a priori* mehr, deren Rat und Akzeptanz geachtet, weil von hohem Wert ist; bestenfalls können sie sich noch Achtung „verdienen", indem sie durch aufopfernde Liebe, Fürsorge, Treue, Engagement, Führungskraft usw. herausragen.

Die Berufung auf Personen, die einst in hohem Ansehen standen, ist die Ausnahme geworden, es sei denn, sie gehört zum wissenschaftlichen Diskursstandard oder es handelt sich – in der Politik – um populistische Leitfiguren, die es verstanden haben, ihre Anhänger zu instrumentalisieren. „Für den verwaschenen Halbgebildeten", schrieb Johan Huizinga bereits *anno* 1935, „beginnen die heilsamen Hemmungen der Ehrfurcht vor Tradition, Form und Kultur immer mehr zu fehlen. Das Ärgste ist die überall wahrnehmbare ‚indifférence à la vérité', die in der öffentlichen Anpreisung des politischen Betrugs ihren Gipfel erreicht." (1948: 134)

Dass mit der Autorität auch der Wahrheitsbegriff in Zweifel steht und die Wahrheitssuche beliebige Wege nimmt, ist damit gesagt. So sehr man das auch beklagen mag, so konsequent (und so paradox) folgt es aus den besten Absichten der Erkenntnisskeptiker, die seit Sokrates die säkulare europäische Geistesgeschichte bestimmen.

Der Niedergang der Autorität ist indes nicht nur mit den methodischen Tabus der Aufklärung und deren „dialektischen“ Kehrseite erklärt worden, sondern auch mit dem Aufstieg der parlamentarischen Demokratien seit dem 18. Jahrhundert und dem Missbrauch des Autoritätsbegriffs in repressiven Erziehungs- und Herrschaftssystemen. Während die demokratischen Bewegungen der Neuzeit die eigenständige Urteilsfindung des *citoyens* zur Voraussetzung bürgerlicher Partizipation machten, sorgten und sorgen totalitäre Systeme mit ihren Befürwortern für eine Gleichsetzung von Autorität mit Macht (*podestas*), die sich in menschenverachtendem Staatsterror gegen Andersdenkende äußert.

Wer je mit repressiver Autorität in Berührung kam, dem ist der Begriff so eng an Gewalt, Zwang und Unterdrückung gebunden, dass er geistige oder soziale Führungsansprüche *ohne* diese Eigenschaften ablehnt oder ignoriert. Die Achtung vor *genuiner* Autorität setzt dagegen eine gewisse Freiheitserfahrung voraus, welche die Freiheit der Wahl, die Freiheit zu zweifeln und damit eine gewisse Unabhängigkeit einschließt. „Freiheit herrscht nicht“, schreibt Erich Fried, der einst vor den Nazis nach England floh. Am wenigsten herrscht sie über die Welt der Tatsachen, die auf dem empirischen Weg erschlossen wird.

Einen autoritären Autoritätsbegriff gibt es demnach nicht. Die Welt der Kunst, die wie keine andere für diese Freiheit steht, ist deshalb der wahre Gradmesser für die *systemische* Abwesenheit von Gewalt. Wenn Zivilisation das Hervorbringen von Kulturtechniken bei gleichzeitiger Zurückdämmung der Gewalt bedeutet, dann ist das Phänomen Kunst eine zivilisatorische Höchstleistung, die, wie der französische Kulturhistoriker Georges Sorel schrieb, „einer sehr fortgeschrittenen, sehr eigentümlichen und aus sehr verschiedenen Elementen gemischten Kultur [bedarf], damit der Mensch zu Kunst, Philosophie und Religion gelangen kann, d.h. zu dem, was Freiheit bedeutet“ (Gehlen 1993: 221).

Mit der Freiheit zu zweifeln beginnt in der Tat die europäische Aufklärung. Descartes’ *De omnibus dubitandum est* („An allem soll man zweifeln"), von Kants *sapere aude!* („Wage zu wissen!") ins Positive, aber auch Ungewisse gewendet, stellt nicht nur Glaube, Weltbild, althergebrachtes Wissen und deren Repräsentanten in Frage, sondern auch Verstand, Vernunft, ja selbst die fünf Sinne, die sich bekanntlich täuschen lassen.

Mit anderen Worten: Zur Ermunterung, sich seines eigenen Verstands zu bedienen, gehört das anstrengende Misstrauen gegenüber eben diesem Verstand – ein Paradox, welches das eben noch vorgeschossene Vertrauen in den eigenen Denkapparat wieder zurücknimmt, jedenfalls an ein Verfahren des Selbstzweifels bindet. Von diesem Zweifel bis zum *Verzweifeln* an sich selbst ist es nur ein Schritt, der den Sprung in die epistemische Selbstständigkeit als Sprung in den Abgrund erscheinen lässt.

So sehr man es in der Folge gewohnt sein mag, selbstständig zu denken, so sehr arbeitet man sich also auch an der Illusion dieser Selbstständigkeit ab. Während uns die wissenschaftliche Methodologie stets Recht gibt – der Zweifel gehört nun einmal zur Hypothesenbildung –, sträubt sich unsere Natur dagegen, den Weg der einsamen Suche immer weiterzugehen, der uns von Aussichtspunkt zu Aussichtspunkt, aber nie (oder selten) zu einem Ziel führt. Hier ist der Weg das Ziel, wie es Konfuzius lehrte. Hier ist Wagemut *im Spiel*, eine Eigenschaft, die stets die Forscherpioniere, die Vorhut im Denken, die künstlerische Avantgarde auszeichnet.

Hannah Arendt sieht eine direkte Verbindung zwischen weltanschaulicher Freiheit (die „Verlassenheit" mit sich bringt) und *Beliebigkeit*, somit auch der Anfälligkeit für ideologische Konstrukte, die sich nun praktisch beliebig deduzieren lassen:

> Die merkwürdige Verbindung zwischen dem zwangsläufig-zwingenden Deduzieren der Ideologien und der Verlassenheit ist politisch zweifellos erst von den totalitären Herrschaftsapparaten entdeckt und zu ihren Zwecken ausgenutzt worden.

> Aber sie findet sich andeutungsweise bereits in einer kleinen Bemerkung von Luther zu der Bibelstelle, daß es nicht gut sei für den Menschen allein zu sein. Luther sagt dort: „Ein solcher (nämlich ein einsamer) Mensch folgert immer eins aus dem anderen und denkt alles zum ärgsten." (2009: 976)

> So wie Furcht und die Ohnmacht, aus der sie entspringt, ein antipolitisches Prinzip und eine dem politischen Handeln konträre Situation darstellen, so sind Verlassenheit und das ihr entspringende logisch-ideologische Deduzieren zum Ärgsten hin eine antisoziale Situation und ein alles menschliche Zusammensein ruinierendes Prinzip. (ebd. 978f.)

***

Unser Erkennen mag der Welt sogar hin und wieder gerecht werden; es reicht jedoch selten dazu aus, uns „weise" zu machen und damit jenen archimedischen Punkt zu erreichen, der uns nicht nur Übersicht, sondern auch relativierendes Augenmaß (d.h. Demut) und kosmische Geborgenheit gewährt. Je mehr wir zu wissen und zu vollbringen glauben, desto kleiner erscheinen wir daher vor uns selbst und unseren Produkten.

Mit Montaignes Eingeständnis *Il faut avoir beaucoup étudié pour savoir peu* („Man muss viel studiert haben, um wenig zu wissen"), ist es nicht getan. Ehrlicher ist da schon Sokrates, der mit seinem οἶδα οὐκ εἰδώς zu einem viel radikaleren Schluss kommt, wie ihn dann Millenien später sein (schlechter) Schüler Faust in die Worte fassen wird, „daß wir nichts wissen können".

Während Sokrates jedoch seine Scham vor dem delphischen Orakel zum Ausdruck brachte, das ihm geschmeichelt hatte, von allen der Weiseste zu sein, wird Faust zum irrationalen Teufelsgesellen und infamen Kolonialisten. Dessen narzisstischen Trotz ordnet der französische Psychoanalytiker André Green in die christliche Mythologie ein, wenn er rhetorisch fragt: „Lucifer ne se révolte-t-il pas contre Dieu parce qu'il n'est plus le préferé de l'Éternel?" – „Steht Luzifer nicht deshalb gegen Gott auf, weil er nicht mehr der Liebling des Ewigen ist?" (1990: 449).

Somit ist es nicht in erster Linie die „prometheische Scham" (1987: 23), von welcher Günther Anders sprach, die uns angesichts unserer enormen „Errungenschaften", darunter auch jener der nuklearen Weltuntergangsmaschine, zur „hybriden Demut" (ebd. 47) zwingt; auch nicht die gewaltigen Wissenslücken, die uns zeitlebens zu Anfängern der wissenschaftlichen Kosmologie machen (man denke nur an das Rätsel der „dunklen Materie"), sondern auch und besonders die Unterdrückung all jener Fragen, die nicht auf Wissen zielen, sondern auf Ortung in der Welt, auf Lebenssinn, Gemeinschaft und die Voraussetzungen von Harmonie und Glück. Wie wir es der Aufklärung zu schulden glauben, dass wir die „großen Fragen" vernachlässigen, so versäumen wir es über unserer Autoritäts-skepsis auch, die großen Denker der Geschichte um Rat zu fragen oder doch wenigstens das *Naturganze* als in sich sinnhaften Kosmos zu achten.

Infragestellen bedeutet aber nicht automatisch ablehnen oder verwerfen. Zweifeln ist eine Untersuchungshaltung, ein analytisches Instrument zur Prüfung des Wahrheitsgehalts. Es setzt das Bezweifelte nicht von vornherein ins Unrecht, sondern legt es sich zur ausgiebigen Revision oder Untersuchung zurecht. Zum Verfahren gehört: Nicht alles, was den Filter des analytischen Urteils passiert und als Extrakt des Denkens widerspruchsfrei erscheint, kann deshalb schon als wahr gelten.

Da es sich oft um fundamentale Wahrheiten der Welt- und Gesellschaftsordnung handelt, steht viel auf dem Spiel, auch dramatisch große Ernüchterung, wenn sich keine Wissensantwort, kein empirischer Beweis, kein Erfahrungswert findet. Goethes *Faust* ist nichts anderes, als der Versuch das Drama des Wissenwollens um jeden Preis zu psychologisieren, einschließlich der „verteufelten“ Ungeduld, welche das Nichtwissenkönnen oder Nochnicht-wissen mit sich bringt. „Und Fluch vor allen der Geduld!“ (Vs. 1606), ruft dieser aus und ortet sich damit widerwillig in jenem Nichtmehr und Nochnicht, das die Zeitenwende anzeigt.

Noch liegt der Paradigmenwechsel in eine neue Wissensqualität lediglich in der Luft, ist also nur *bewusst*, nicht *gewusst*. Die Gefahren des Übergangs entstehen nicht aus Unwissen oder Halbwissen, sondern aus den alten Begriffshülsen, dem obsoleten Spracherbe, das dem Neuen nicht gewachsen ist. Indem der Geist der Säkularisierung die spekulative Philosophie tendenziell zum Schweigen bringt, findet zunächst, wie der Sozialphilosoph Arnold Gehlen schreibt, eine „Entleerung und Umformung theologischer Setzungen“ statt, „um das Denken an die sonst nicht zu bewältigenden Erfahrungsmassen der Neuzeit heranzuführen“ (1993 [1963]: 141).

Faust scheitert somit nicht an der Verspätung der Wissenschaft, die das ein und andere Rätsel noch nicht gelöst hat, sondern an der Obsoleszenz seiner Fragen in Zeiten der Aufklärung. Der Wunsch, „dass ich erkenne, was die Welt/ im Innersten zusammenhält“, ist zum Anbruch der Moderne so illegitim wie die daraus resultierenden Fragen. Ontologisierende oder gar metaphysische Fragen können keine naturwissenschaftlichen Antworten erwarten. Wie sollte man auch mit den Werkzeugen des Mittelalters in neuzeitliche Methodologien eintreten? In der Wahl des Stoffes erweist sich Goethe wahrhaft als der Anachronist, der in uns allen steckt. Er schickt zeitgenössisches Personal ins späte Mittelalter zurück, will uns aber glauben machen, dieses habe sich umgekehrt (als Avantgarde) in seine Gegenwart verirrt und sei damit „seiner Zeit voraus“. Das Paradox, das dabei herauskommt, ist ein zutiefst gläubiger Atheist bzw. ein paradox aufgeklärter Theologe.

Denn natürlich ist die Methodologie am Ende des 18. Jahrhunderts – *Faust Der Tragödie Erster Teil* erschien

1808 – längst weiter als die metaphysischen Fragenkataloge es einstmals zuließen. Es ist unfair, den mittelalterlichen Faust an den Voraussetzungen der Aufklärung sozusagen *notwendig* (oder gar ironisch) sich zuerst abarbeiten und dann scheitern zu lassen. Der Trick mit dem Teufel ist hilflos, eben „faul", weil dieser die Vernunft an einer Stelle verrät, wo sie gar keine Antworten finden *kann*, aber darüber keineswegs so verlegen sein müsste wie Goethe selbst.

Das *Faust*-Drama ist somit ein Stück, das uns unser epistemisches Scheitern vorführt, indem es selbst scheitert. Sein altertümlicher Hochglanz verrät, dass hier ein ästhetisches Inferno zu verkleistern war. Und unsere frenetische Akklamation macht nur allzu klar, dass wir bejubeln müssen, was uns *in flagranti* selbst beim Scheitern zeigt. Mit einem Wort: Der *Faust* ist eine romantische Parodie auf den *homo deus* oder *homo religiosus* – aus heutiger Sicht bereits mit gewissen postmodernen Zügen, wenn wir darin die *Farce* sehen, die Goethe wohl beabsichtigt hat.

Aber Vorsicht vor Nachsicht! Statt vor eine Lach- und Clownsnummer, eine rührende Chaplinade führt uns der Geheimrat in geweihte Theaterhallen und präsentiert uns eine Groteske im Begräbniston, in der unsere Dummheit sich selbst beweint und als intelligente Übung verkauft. Statt über die Humoreske zu lachen, entscheiden wir uns (wie er) für das Tragische und üben uns im bierernsten Gruseln.

Freilich wäre das ohne flottierenden Teufel gänzlich unerträglich, erweckt dieser doch mindestens den Anschein einer nihilistischen Tragikomödie und ortet die Menschheit auf der richtigen Seite: der des zähneknirschenden, offenbar unvermeidlichen Versagens. In seinem Zynismus zeigt der Autor selbst teuflische Züge, kostümiert als der prometheische Wohltäter der Aufklärung, der schlitzohrig – *nomen est omen* – Luzifer („Lichtbringer") heißt.

Wenn wir mit Huizinga darin übereinstimmen wollen, dass „jener als dramatische Schöpfung wenig gelungenen

Gestalt aus Goethes Dilogie“ (1948: 136) die ästhetische Überzeugungskraft mangelt, dann übersehen wir vielleicht nur allzu gern den anachronistischen Narrenmodus, den die Faust’sche Teufelsmaske (und mit ihr das sardonische Gelächter des Autors) signalisieren soll. Wie Faust selber eine sich selbst relativierende Doppelfigur ist, so spricht das Werk als solches mit gespaltener Zunge, eben: „wie meine Muhme, die berühmte Schlange“ (Vs. 335).

***

Wir müssen uns im Klaren darüber sein, dass der wissenschaftliche Findungsprozess, dem wir uns im Zuge der Aufklärung anvertraut haben, vermutlich in Jahrtausenden nicht abgeschlossen sein wird. Die Antworten auf viele unserer Fragen sind nicht gefunden, neue Fragen werden hinzukommen und auf neue Antworten warten. Längst ist nicht ausgemacht, ob unsere Fragen überhaupt „stimmen“, ob sie nicht wie jene des neuzeitlich aufgefrischten Faust obsolet sind und auf Wahrheiten zielen, die es gar nicht gibt.

Hat das Universum tatsächlich einen Anfang und ein Ende? Ist es überwiegend aus einem Stoff, der den Ausdruck „dunkle Materie“ rechtfertigt? Sind unsere Fragen, die Kosmologie betreffend, nicht schon deshalb unangemessen, weil die Antworten ganze Quantensprünge über unseren Verstand gehen? Was, wenn wir eines Tages Antworten bekämen, die wir weder begreifen, noch unseren Computern zur Verarbeitung geben könnten? Was, wenn unsere Annahmen, wenn gar unser Gehirn den Gleichungen des Kosmos nicht kompatibel ist?

Woher nehmen wir also Autorität, wenn das Wissen der Vergangenheit obsolet oder auf dem Dauerprüfstand ist und das Wissen der Gegenwart uns mit Vorläufigkeiten und Fragezeichen vertröstet? Was fangen wir mit der ungeheuren Freiheit an, die den Hiat zwischen Nichtmehr und Nochnicht auszeichnet? Füllen wir sie mit Fantasiereisen bzw. Reisefantasien und endlosen Spekulationen – oder verstummen wir aus Angst vor falschen Entwürfen?

Solange wir uns außerstande sehen, für das Riesengeschäft der Welterklärung und unser progressives Handeln Verantwortung zu übernehmen, weil alles im Fluss und kein Ende abzusehen ist, auch weil unsere Maschinen zu Teufelswerk gerieten und uns zu vernichten drohen, so lange verzichten wir auf Autorität und machen aus der Not der Enthaltung eine Tugend des illusionären Freiheitsgewinns. Denn nunmehr sei jeder frei, sich seine Autorität irgendwie irgendwo zu suchen und sein Weltbild nach Gutdünken zu deduzieren.

Wir ermutigen alle, mitten im Nirgendwo die Freiheit der Orientierung auszukosten, während die Nebelwände wachsen und die Navigationshilfen außer Funktion sind. Die Botschaft lautet so schlicht wie zynisch: Macht, was Ihr wollt! Dreht euch im Kreis und lauft eurer Nase nach! Freut Euch an den schier unendlichen Optionen und kommt ja nicht auf die Idee, sie nach „Wahrheit" zu befragen. Denn: *τί ἐστιν ἀλήθεια* – „Was ist Wahrheit?" (Joh. 18, 37)

Welche Freiheit ist das? Die Freiheit der Verzweiflung? Des Zynismus? Der Ideologien? Des Hedonismus? Es ist die Freiheit, sich die Augen zu verbinden und X-beliebigen an die Hand zu gehen. Die Freiheit zur Prostitution, zum Mitmachen, zum Getreten- und Gestoßenwerden, zur käuflichen Spiritualität. Die Freiheit des autoritären Liberalismus, wo es uns an nichts fehlt, was wir nicht brauchen; wo wir nicht frei sind, frei zu sein, sondern frei sein *müssen.*

Dostojewskijs Satz aus den *Aufzeichnungen aus einem Totenhaus*: „Geld ist gemünzte Freiheit" scheint diese Entwicklung zum freiwilligen Zwang präjudiziert zu haben. Mit der (prostitutiven) Käuflichkeit der Freiheit erreicht diese nicht nur das schmutzige Ende der Pragmatisierung, sondern erfährt auch einen autoritär bestimmten Handelswert, dem nur durch genügend Kaufkraft zu willfahren ist.

Ein neuer politischer Antrieb ist also gefunden – oder besser: ein alter Antrieb, der nun vor den Karren der Freiheit gespannt wird und jeden anderen Antrieb selbstherrlich ersetzt. So wird aus dem *citoyen* ein *bourgeois* und *consommateur*, aus der Republik ein Bazar. Die Bedingungen für staatlich zu liefernde Freiheit sind jetzt klar: barrierefreies *shoppen*. Der *shopper* erkauft sich sein Bürgerrecht mittels seiner *Kaufkraft* auf Einkaufstouren, Erlebnistouren, touristischen Allerweltsabenteuern. Alles, was käuflich ist – *nur*, was käuflich ist –, trägt zu seiner Identität (in diesem Fall als *bourgeois*, nicht als *citoyen*) bei.

Er verschmilzt also mit dem, was ihn zu dieser Freiheit befähigt (womit wir wieder beim Geld sind), wird darüber eins mit dem Produkt, das er kauft. Wenn Ware und Käufer eins werden, wird der Käufer zur Ware, erkennbar am Prestige-, also dem Vorzeigewert des Produkts, an dem er *seinen Eigenwert* misst. Wenn beispielsweise eine junge Frau in einem Interview des Deutschlandfunks ganz selbstverständlich angibt, sie wolle auf der Paarvermittlungsplattform *parship* ihren „Marktwert austesten“ (03.04.2021), ist die Gleichung Mensch gleich Ware nach dem Wert der Beliebtheit jedenfalls gelungen.

Auf der Basis dieses Missverständnisses – ein unbewusster Gleichungs-*faux-pas* – ruhen inzwischen alle unsere postindustriellen Demokratien, eine extrem labile Basis, versteht sich. Da der Freiheitsbegriff auf der Ebene der Kaufkraft unverhandelbar ist, ist er auf jeder anderen Ebene beliebig verhandelbar. So blieb es zwar nicht unbemerkt, aber erschien nicht im Geringsten besorgniserregend, dass die weltweite Wirtschaft mehr und mehr zum chinesischen Vasallen wird. Die Abhängigkeiten von Chinas Wirtschaftsmacht wachsen in dem Maße, wie unsere politische Freiheit mit der ökonomischen ineins gesetzt oder verwechselt wird. Eines Tages werden wir unsere Kaufkraft in einem chinesischen Wirtschaftsraum genießen, der merkantil so offensiv wurde, dass er an territorialen Übergriffen erst gar nicht interessiert zu sein braucht.

Möglich ist das, weil wir dabei keineswegs unsere Freiheit vermissen, solange uns unsere Kaufkraft zum Konsumieren befähigt.

Das Konzept des autoritären Liberalismus, wie ich es vor Augen habe, gründet wesentlich auf dem Ersatz des politischen Freiheitsbegriffs durch den monetären, also die „gemünzte Freiheit" des Geldes. Der liberale Monetarismus oder Kommerzialismus, gleich wie man es nennen will, sorgt zunächst für die Beseitigung anderer Autoritätsstrukturen als denen des Geldes, schafft aber durch das entstandene Vakuum Raum für autoritären Wildwuchs, der sich beispielsweise in politischer Ignoranz niederschlägt (Ignoranz bedeutet immer Übernahme durch andere).

Das alles kann natürlich nur geschehen, weil es mit der *auctoritas* im Sinne einer richtungsweisenden Institution oder Person oder eines Wertekodex vorbei ist. So kommt es zur Konstruktion einer libertären Gesellschaft, die sich im Glauben, alle Freiheiten dieser Welt zu besitzen, mit der Freiheit, Geld auszugeben und am Warenwert den Besitzerwert zu messen, zufriedengibt. Die Tyrannis der Kaufkraft bringt Strukturen der Intoleranz und Ignoranz mit sich, die eine autoritäre Ordnung hinter den Kulissen des Warentausches aufrichtet.

Der aus dieser Konstruktion resultierende Liberalismus muss schon deshalb autoritär sein, weil er zur Leugnung anderer Autoritäten als der des Geldes eine Phalanx der Freiheitsgegner auf die Beine stellen muss, eine Phalanx freilich *under cover*. Man macht es hier wie die Tabakkonzerne, die für Antiraucherkampagnen Geld ausgeben. Man tarnt seine Absichten, indem man vor ihnen warnt.

So ist diesem System der Totalitarismus, der Faschismus inhärent. Je freier man die Jungen sich tummeln lässt, desto mehr hat man sie auf den Erfolg dieses Systems eingeschworen und für die Sache der Unfreiheit gewonnen.

Ehe China dann *ante portas* steht, haben die Jungen längst gelernt, die politische Freiheit mit der des Geldausgebens zu verwechseln. China wird als Bruder im Geiste, als Geschäftsfreund, nicht als Konkurrent oder gar Systemfeind begrüßt. Am Ende vereinigen sich die Nationen nur deshalb, weil ihre Bürger keine Staatsbürger, sondern Wirtschaftskorporierte sind, die nur noch einen Feind ihrer Freiheit kennen: die Armut der anderen. Ist bisher die „Menschheit" nur ein Sammelbegriff für die Milliarden Exemplare der Spezies, so hätte sie jetzt eine Chance als Masse der Kaufkräftigen wenigstens eine Interessensgemeinschaft zu bilden und die Nationalität durch Bonität zu ersetzen.

***

Kehren wir zum Freiheitsbegriff zurück, der in diesem Verständnis Liberalität als *bedingte* Freiheit, nämlich als Freiheit am Bande des Geldes praktiziert. Der autoritätsfreie Raum gleicht einem sterilen Bankenfoyer, das, wie so oft, als Tempelraum gestaltet ist, dessen Optik von einem erhabenen Tabernakel aus Gold regiert wird. Ohne es zu wollen und zu wissen, bewegen sich alle Kunden um diesen Altar herum und genießen die Servilität des Personals, das ihnen zu Diensten ist, indem es sie diskret beherrscht.

Doch bleibt es nicht bei der pragmatischen Autorität des Geldes, die für den Besitzenden nicht zu existieren scheint. Die Bruderschaft der Kaufkräftigen, so einig sie sich *in einem* zu sein scheint, so uneinig ist sie in allem anderen. Das materielle Paradigma erlaubt keine schlüssigen Deduktionen über das Geschäftliche hinaus, so dass ein Terror der Gegensätze in allem anderen besteht.

Auch wenn die „Brüder" zur Erhaltung der Einigkeit auf den Austausch ihrer Meinungen verzichten – der *small talk* verkommt jetzt zum Austausch von Zoten und Wetterdaten –, so bildet sich doch eine Atmosphäre der Intoleranz, die ihre Brisanz nur in künstlich heruntergekühltem Zustand verliert. Aus der latenten politischen Differenz wird so apolitische Indifferenz.

Folgt man Hannah Arendts Analyse der prätotalitären Gesellschaft, so hängt die Verweigerung der politischen Teilhabe „aufs engste mit der Weltsicht und Weltanschauung einer Erwerbsgesellschaft zusammen, in der das Menschenleben am Modell des Erfolgs oder Scheiterns in rücksichtloser Konkurrenz, im Wirtschaftskampf, erfahren wird und sich so ausschließlich auf die Notwendigkeiten des privat-persönlichen Erfolgs konzentriert hat, daß die Pflichten und Verantwortlichkeiten des Bürgers zu einer untragbaren zusätzlichen Last werden" (2009: 673). Nehmen wir den errungenen Wohlstand als Zeichen dieses Erfolgs, kommt die Feststellung Charles de Montesquieus in den Sinn: „je weniger Luxus in einer Republik vorhanden ist, um so vollkommener ist sie", will sagen: „In dem Maße, wie der Luxus sich in einer Republik breitmacht, wendet sich der Sinn dem Eigeninteresse zu" und vom politischen Allgemeingut, dem Gemeinwesen, ab (1992 I: 137f.). An anderer Stelle schreibt er: „Je weniger wir unsere Sonderneigungen befriedigen können, um so mehr widmen wir uns den Bestrebungen der Allgemeinheit." (ebd. 63)

Die Frage ist nun weniger, ob Demokratie in einem solchen Raum überlebensfähig ist – denn das ist sie, wie wir gesehen haben, auf lange Sicht *nicht* –, sondern wie und warum sich im Rahmen eines *republikanischen* Gegenmodells Autorität und echte Freiheit nicht ausschließen dürfen und gerade in der Einschließlichkeit zur Voraussetzung staatsbürgerlicher Partizipation werden. Indem wir dieser Frage nachgehen, müssen wir uns eingestehen, dass wir an der Verwirklichung republikanischer Ideen großen Zweifel haben, so verlockend sie klingen mögen.

Arendts Entwurf der republikanischen Demokratie redet keinem beliebigen Liberalismus das Wort, sondern koppelt die Einrichtung eines partizipativen Gemeinwesens an die Vereinbarkeit von Autorität und Freiheit. Sie hält dafür, dass es „die Aufgabe der Autorität [...] immer gewesen ist, die Freiheit zu begrenzen und gerade dadurch zu sichern [...]. Mit anderen Worten: Autorität und Freiheit sind keineswegs Gegensätze, und einem Autoritätsverlust entspricht kein automatischer Freiheitsgewinn."

Arendt geht dabei von der Beobachtung aus, dass „wir bereits seit geraumer Zeit in einer Welt [leben], in welcher dem fortschreitenden Autoritätsverlust eine ebenso evident fortschreitende Freiheitsbedrohung entspricht" (2012: 162). Was auf dem Spiel steht, wenn mit der Autorität auch die Freiheit verloren geht, beschreibt sie so:

> Es ist eine alte, noch aus der Antike herrührende Einsicht, daß Staatsformen, die auf der Gleichheit ihrer Bürger beruhen, in besonders großer Gefahr stehen, in Tyranneien umzuschlagen. Wenn die republikanischen Gesetze, deren Sinn immer ist, die natürliche Kraft jedes einzelnen Bürgers so zu begrenzen, daß Raum bleibt für die als gleich angesetzte Stärke seiner Mitbürger, zusammenbrechen, entsteht ein Chaos, in welchem die Stärke jedes einzelnen sich nicht nur nicht mehr mit der seiner Mitbürger verbinden kann, sondern in dem sogar ganz spezifisch jede Kraft überhaupt von ihrer Gegenkraft aufgehoben, das heißt durch Furcht paralysiert wird. In dieser Situation des Untergangs wird nicht nur verhindert, daß Macht entsteht; es wird Ohnmacht direkt erzeugt. Aus der allgemeinen Ordnung entspringt die Furcht vor der Stärke eines jeden anderen und aus ihr einerseits der Wille, alle anderen zu beherrschen, der dem Tyrannen eignet, andererseits die Bereitschaft, sich beherrschen zu lassen, welche die Tyrannis für die Unterworfenen erträglich macht. (2009: 973f.)

Offensichtlich sind also Freiheit und Autorität nicht nur vereinbar, sondern aufeinander angewiesen. Die Gründe dafür sind oben zur Sprache gekommen: positive Freiheit ist kein Endzweck, sondern ein Mittel, das *zu* einem gemeinsam erstrebten Werteziel, z.B. einer gerechteren Welt führen soll. Die Garanten solcher Freiheit sind Institutionen oder institutionell eingesetzte Personen, die mit Verantwortung betraute Autorität ausüben, indem sie die Gemeinschaft und das höhere Werteziel repräsentieren.

Auch hier ist Autorität ein Mittel zum Zweck und kein Endzweck an sich. Sie hat ihren Ursprung in sich und prätendiert keine systemische Macht als solche. Karl-Heinrich Lütcke bezeichnet sie in Anlehnung an Augustinus' Begriff der *auctoritas* als „Überzeugungsmacht" oder „Ansehensmacht" (1968: 14f.). In diesem Sinn ist sie eine Autorität, die überhaupt erst durch Einigung an der Basis zustande kommt, durch eine Gemeinschaftsleistung also, die den republikanischen Staat ermöglicht oder sogar, wie Gandhi es erhoffte, in eine „aufgeklärte Anarchie" führt:

> To me political power is not an end but one of the means of enabling people to better their condition in every department of life. Political power means capacity to regulate national life through national representatives. If national life becomes so perfect as to become self-regulated, no representation becomes necessary. There is then a state of enlightened anarchy. In such a state every one is his own ruler. He rules himself in such a manner that he is never a hindrance to his neighbour. In the ideal State, therefore, there is no political power because there is no State. But the ideal is never fully realized in life. Hence the classical statement of Thoreau that that government is best which governs the least. (1958: 161)

Diese Staatsidee baut also auf der positiven Freiheit auf. Sie schließt die Dominanz der negativen Freiheit aus, deren Energie allerdings nötig war, um aus Unrechts- oder asymmetrischen Machtverhältnissen herauszufinden und die im Übrigen durch effiziente Gewaltenteilung, durch *checks and balances* möglichst *wenig* Staat garantiert. Ist dieses Etappenziel erreicht, muss sie umgepolt werden, damit der Weg nicht in den radikalen Individualismus, die libertäre Gesellschaft oder den wilden Anarchismus führt und man früher oder später das einstige Befreiungsziel aus den Augen verliert.

Es ist der positivierte Freiheitsbegriff, der den Geist der partizipativen Teilhabe und gemeinsamen Verantwortung ausmacht. Das Konzept der Selbstverwirklichung ist dann sozial abgefedert, ethisch untermauert. Selbst in der Not ist die Bestrebung, frei von Not zu sein, getragen von der Freiheit zur solidarischen Gemeinschaft. Ob organisatorische Hierarchie schneller zur Autoritätsfindung verhilft, lassen wir dahingestellt. Vermutlich ist es so, wenn die Hierarchie flach und die Konsensbasis breit bleibt, so dass keiner seine Verantwortung „delegieren" kann und seinen Mündigkeitsanspruch nicht an andere abtritt.

Auch wenn Arendt das Aushandeln autoritativer Maßgaben unter *Gleichen* für unmöglich hält und der Traditionsverlust solches Aushandeln erschweren mag, sollte es eine Bewegung „von unten nach oben" sein, die basisdemokratisch beispielsweise ein Grundgesetz formuliert, das dann als maßgebende Autorität anerkannt wird.

Doch darf man sich über die Macht des Egoismus über die Menschen keine Illusionen machen. Die Not macht zwar erfinderisch, begünstigt den sozialen Zusammenschluss aber nur dann, wenn die Gruppe als solche nicht Futterneid und Beschaffungskonkurrenz, sondern als organisierte Gemeinschaft Abhilfe und gerechte Verteilung verspricht; wenn sich die Mitglieder im Übrigen fundamentale Werte und Sozialisationsstandards teilen und eine Grundsolidarität (und das heißt ein gemeinsames Ziel) vorhanden ist. Sobald organisierte oder potenziell organisierbare Gruppierungen wie Klassen oder Schichten in ihr aufkommen und die gemeinsame Anstrengung in Frage steht, wird der Einzelne geneigt sein, sich lieber um sich selbst zu kümmern und das Gemeinwohl zu vernachlässigen.

Wie man sieht, ist die Frage, was eigentlich eine handlungsfähige Gesellschaft, noch viel mehr: eine *Gemeinschaft* ausmache, elementar. Es leuchtet unmittelbar ein, dass Homogenität und idiosynkratische Gleichheit nicht vorausgesetzt werden können, ja gar nicht vorausgesetzt werden sollten. Insbesondere in multikulturellen Gesellschaften – und welche ist das heute nicht? – ist das weder realistisch noch wünschenswert. Individualismus und Identitätsstreben sind so wenig eine Bedrohung für den Kommunitarismus wie die Kulturvielfalt. Sie sind dessen notwendige Bedingung und Garant für Stabilität, weil sie eine gewisse Streiterprobung und Einübung in Toleranz voraussetzen. Historische Beispiele gibt es genug. Das südindische Kerala ist eines. Erst wenn Verschiedenheit Trumpf und der Pluralismus Ausweis ihres wahren Reichtums ist, wird die Gesellschaft zur Gemeinschaft. „Es lebe der Unterschied!" heißt die Devise – und das bei gleichen Pflichten und Rechten der Bürger.

Dazu sollten dann Bürger aber auch Bürger sein und damit konstitutiver Teil des Ganzen. Wie schwer, ja wie unmöglich das in Massengesellschaften ist, kennen wir aus banalen Alltagssituationen, wo das Gruppenformat Einzelinitiativen unterdrückt. Für den berühmten Brei, den bekanntlich zu viele Köche verderben, ist am Ende keiner verantwortlich.

Den *Bürgersinn* zu wecken, muss daher oberstes Bildungsziel sein. Möglich ist das nur, wenn Kinder von früh an lernen, Aufgaben und Verantwortung zu übernehmen, um soziale Kompetenz zu erwerben. Da Familien das heute kaum mehr leisten, kommt der Staat nicht umhin, im Rahmen spezieller Programme verpflichtende Angebote zu machen. Das beginnt in der Schule, wenn die Klassenvertretung im Turnus wechselt, bis *jede*r* sie ausgeübt hat, und wo auch jede*r nach Wissen und Können Hilfsfunktionen übernimmt usw. Das heute noch optionale „Soziale Jahr" sollte dann verpflichtend für alle werden, unabhängig vom Schulabschluss. Nur wenn alle im Land gewahr werden, dass das Gemeinwesen sie braucht, kann sich auch *Gemeinsinn* entwickeln.

Kein Geringerer als Jean-Jacques Rousseau war es, der in seinem *Contract social* bei aller visionären Hingebung illusionslos, ja fast schon ungläubig mahnte, dass der *citoyen*, also der staatstragende, am Gemeinwesen und seinen Entscheidungen mitwirkende Bürger nicht vom Himmel falle, sondern erst von Kind auf grundlegend herangebildet werden müsse.

> Wenn man sie zum Beispiel früh schon lehrt, niemals ihre Person anders zu sehen als in ihren Beziehungen mit dem Staatskörper, und ihre eigene Existenz sozusagen nur als einen Teil des Staates anzusehen, dann könnten sie dahin gelangen, sich in gewissem Maße mit dem Ganzen zu identifizieren, sich als Glieder des Staates zu fühlen. (1964: 259)

Er konnte sich dabei auf Platon berufen, der eine polisgerechte („politische“) Erziehung der Kinder zum Gemeinsinn für unabdingbar erklärt hatte.

3.

Die Abschaffung der Gesellschaft

Dass die alten und neuen Industriegesellschaften – die alten mehr als die neuen – unter dem enormen Druck einer paradigmatischen „Wachablösung“ stehen, darauf deutet spätestens seit Beginn des Jahrtausends vieles hin. Die Pression geht aber nicht in erster Linie von den veränderten Klima- und demographischen Faktoren, den Auswirkungen der Globalisierung, den Bankencrashs oder den immensen Erfolgen der autoritären Systeme aus, sondern von einer sozialen Atrophie, die in der Degradierung der Gemeinschaftsfrage zu Tage tritt.

Unsere Gesellschaften verlieren dramatisch an innerer Kohärenz und Solidarität, wie man erneut etwa im Zuge der „Corona-Krise“ beobachten konnte, die nur durch einvernehmliche Massenimpfung per Gesetz schließlich zu überwinden gewesen wäre. Nicht einmal das Motiv des Selbstschutzes schaffte es dabei, den Schutz anderer als „Nebeneffekt“ zu etablieren und die Gemeinschaftsidee zu stärken.

Das ist alarmierend. Einst gemahnte Margaret Mead an die mitmenschliche Hilfsfunktion, als sie nach einem Definitionsmerkmal für Kultur befragt wurde. Der Beginn der Kultur, sagte sie gemäß einer Ausgabe des *Bulletin of the American College of Surgeons* von 1997, falle mit der ersten Intervention zusammen, die zur Heilung eines gebrochenen Oberschenkelknochens führte.

Kürzlich zeigten so lächerliche Vokabeln wie „Impfschwänzer“ oder „Impfmüdigkeit“ den Trend der Politik und Medien an, das dahinter stehende Desaster – es handelte sich um konzertiertes, weil von allen getragenes Sozialversagen – als Marotte oder Motivationsflaute schönzureden. Bestünde nicht in anderen Gesellschaftsbereichen auch die Tendenz, sozialschädliche Unterlassungen oder Aggressionsakte in die Schubladen von Leichtsinn, Juvenilität (bei Erwachsenen!), Übermut oder Fehlleistungen zu stecken, man würde bei solchen Sprachregelungen noch an Ausnahmen glauben. Da wir es aber auch bei der juristischen Aufarbeitung von Straftaten mit Verharmlosungen oder Marginalisierungen zu tun haben, die an Entschuldigungen grenzen, sind wir mit einem gesamtgesellschaftlichen Phänomen konfrontiert, das die Grundtendenz der Infantilisierung bestätigt. Die jüngste Verurteilung zweier Ex-Bundeswehrsoldaten, die ein Söldnerkommando auf saudi-arabischer Seite für den Krieg im Jemen auf die Beine stellen wollte, spricht dafür Bände. Die Trivialstrafen zur Bewährung entschuldigen sowohl den geplanten mörderischen Einsatz als auch die niederen Beweggründe aus Geldgier, die sie [oder nur einer von beiden?] antrieben.

Das Ziel, dass in dieser bundesdeutschen Gesellschaft niemand mehr für nichts haftet, was er an antisozialen oder kriminellen „Ausrutschern“ anrichtet, ist nur allzu deutlich. Eine solche Gesellschaft, wenn sie den Namen noch verdient, hat sich – ein umfassendes Stockholm-Syndrom – längst mit jenen verbündet, die sie unterminieren. Zu ihnen gehören neben den Ex-Cum-Profiteuren und im Clan agierenden Sozialbetrügern auch die in Angelegenheiten der Geldwäsche geradezu ermutigten Mafiosi und Politkriminellen, denen der deutsche Gesetzesgeber eine großzügige Bühne bereithält. In keinem Rechtsstaat der Welt, so hat es den Anschein, werden so viele „legale“ Verbrechen und Betrügereien begangen wie in Deutschland. Justitia verdient keinen deutschen Namen und folgt damit nur einem alten Muster.

Dass wir nicht als „Volk“ oder „Gesellschaft“, geschweige denn als „Menschheit“ agieren *können*, haben wir zu oft erfahren, um noch an anderes zu glauben. Im Zeichen der erneuten Systempolarisierung und der weltweiten Religionskriege, neuerdings auch des Überfalls Russlands auf die Ukraine, wird das zum *fait accompli*. Der Wunsch nach Abgrenzung, Unterscheidung, Konkurrenz, Hostilität wird wohl immer größer sein als der nach Einigung,

Harmonie und Einheit. In den ARD-Tagesthemen vom 11.03.22 sagte der Politikwissenschaftler Herfried Münkler im Interview mit Caren Miosga:

> Die globalen Menschheitsaufgaben [wie die Bekämpfung des Klimawandels] werden zu einem Verhandlungsgegenstand zwischen den fünf (oder mehr oder weniger) Akteuren [der Weltpolitik: Europa, Russland, China, die USA und Indien], [...], d.h. man kann sich ihnen nur noch indirekt über Erwartungen und Zugeständnissen nähern, und diese Zugeständnisse können gelegentlich dann auch so bitter sein, dass man sie vorerst nicht macht; kurzum: die Erreichung der Ziele [z.B. der Dekarbonisierung] wird in erheblich größerer Entfernung liegen.

Wenn man das als „krank" einstuft, dann handelt es sich um eine universelle Kulturkrankheit, wenn nicht eine anthropologischen Erbtatsache, die unser Bewusstsein zur Derealisation bestimmt. Menschengruppen wachsen in dem Maß zusammen, wie sie sich von anderen abheben, und heben sich in dem Maß ab, wie sie zusammenwachsen. Daher gehen soziale Impulse oft mit Ideologisierungen einher, die menschenverachtende Diskriminierung auf ihre Fahnen schreiben, statt gemeinsame Sache mit anderen zu machen, wenn die Bedrohung alle betrifft. Rassismus, Xenophobie, religiöser Fanatismus sind nur einige der Ideologien, die zu extremistischer Feindseligkeit in Kollektiven führen und sie zu rabiaten Kampfeinheiten verbinden. Als wäre das nicht schon genug, sind heute Wirtschaftsimperialismus, Großmachtstreben und geostrategische Vorteilnahme – alles begleitet von Militarismus – wieder salonfähige Motive der Feindseligkeit in globalem Stil. Die Welt, so scheint es, hat der Barbarei so wenig entgegenzusetzen wie nie zuvor.

So furchtbar Kriege sind, sie zwingen Menschen aller Seiten einander beizustehen, und sei es nur, um zu töten. Auch deshalb ist Walter Burkerts Begriff *homo necans*

(„der Mensch, der tötet“) eine so zutreffende Bezeichnung für die menschliche Art, die irgendwann lernte, dass der Jagderfolg ein Teamerfolg ist und die gemeinsame Tötungsabsicht enthemmt, indem sie zusammenschweißt.

***

Blicken wir auf die heutigen Ersatzformen für Gemeinschaft, müssen wir uns den landläufigen Begriff des „Feierns“ und freilich auch die Rituale dazu näher ansehen. Feiern war ursprünglich etwas, das zu einem festlichen Anlass stattfand, indem an diesem Tag nicht gearbeitet wurde. Der Feierabend (*vîr-âbent*) war der Vorabend eines Festtags (lat. *feria*, das zu mittelhochdeutsch *vîre* wurde). Von da an ruhte die Arbeit, weshalb *vîre* auch „Ruhe“ bedeutete. In dieser Bedeutung übernahmen es in der späten Neuzeit die Handwerker, die den „Feierabend“ so hochhielten, weil er nach 12-14 Stunden regulärer Arbeitszeit überlebenswichtig (und kurz genug) war. (Oberlin 2021)

„Feiern“ hieß also einmal „die Arbeit ruhen lassen“, „ausruhen“; für die meisten hieß es einfach: Erschöpfungsschlaf. Da es in vielen Teilen der Welt keinen Sabbath gab, der Beitrag der jüdischen Religion zur Humanisierung der Arbeit weltweit, wurde dort nur an Festtagen (zeitweise) nicht gearbeitet, weil dann der Kult Vorrang hatte. Das antike Griechenland kannte Hunderte von Festtagen, die allerdings nur die ohnehin arbeitsmüden Stadtbürger von der Arbeit befreiten, nicht die Sklaven, die schließlich die Mehrzahl der Bevölkerung bildeten.

Das Christentum rief den Sonntag als „Tag des Herrn“ (*dies domenica, Κυριακή*) aus, was aber ebenfalls nicht unbedingt hieß, dass an diesem Tag nicht gearbeitet wurde. Vor allem die Reformation Martin Luthers ließ auch den Restsonntag nach dem Gottesdienst nicht als Gelegenheit zur gottwohlgefälligen Arbeitsamkeit verstreichen, und die Französische Revolution strich dann nicht nur die Sonntage aus dem Kalender, sondern gleich alle

Festtage und ebnete das Jahr für die brüderliche Gleichheit aller Schuftenden vor dem Gesetz. Erst die Weimarer Reichsverfassung von 1919 legte die Sonntagspflicht fest und verordnete gesetzliche „Arbeitsruhe“ an diesem Tag in ganz Deutschland.

Die Wege zur Volksgesundheit waren also denkbar lang und überaus steinig; in vielen weniger entwickelten Ländern sind sie das bis zur Gegenwart. Heute in der industrialisierten Welt unvorstellbar, macht man sich dort inzwischen Sorgen, ob nicht die arbeitsfreie Zeit mehr Schaden an der Volksgesundheit anrichtet als einst die chronische Überarbeitung. Allein in Deutschland sank die durchschnittliche Arbeitszeit in den letzten 150 Jahren um mehr als 40% von über 67 auf unter 40 Wochenarbeitsstunden.

Europaweit ist dieser Schwund freilich noch dramatischer. Wenn man die wachsende Zahl der Teilzeitbeschäftigten heute berücksichtigt (~20%), ergibt sich Stand 2019 eine durchschnittliche Wochenarbeitszeit von 37 Stunden, wobei Deutschland bei knapp unter 35, die Niederlande als Spitzenreiter bei knapp über 30 Stunden liegen (Destatis 2021). Da die historischen Zahlen die in der Landwirtschaft Beschäftigten statistisch nicht erfassen, fällt der faktische Rückgang der Arbeitszeit bis heute insgesamt wesentlich drastischer aus und müsste die 50, wenn nicht 60% übersteigen.

So scheint heute in den entwickelten Ländern die „Feierlaune“, wenn wir sie im ursprünglichen Wortsinn mit Ruhebedürftigkeit gleichsetzen, wenig begründet. „Feiern“ geschieht nicht mehr aus innerer Not heraus, sondern aus der Laune des Augenblicks, getragen vom Wunsch nach Geselligkeit, Betäubung, Zeitvertreib, Rollenspiel, oft verbunden mit überlauter Musik. Dass das zunehmend mit dem Konsum von Rauschmitteln wie Alkohol, Cannabis, Kokain oder Amphetaminen einhergeht, weist darauf hin, dass Rauschmittel nicht einfach „dazugehören“ oder als Stimmungsaufheller, Aufputscher oder Mittel zur Sensualisierung dienen, sondern als verkapptes Antidepressivum zur Selbsttherapie eingesetzt werden. „Feiern" scheint demnach bei vielen eine Tätigkeit oder ein Zustand zu sein, der ohne pharmazeutische oder psychedelische Hilfsmittel gar nicht mehr erreicht wird.

Offenbar ist mit dem Begriff „Feiern" also bereits ein Bewusstseinszustand gemeint, der ohne suchtmittelinduzierte „Erweiterung" gar nicht herstellbar ist. Damit würde ein subversiver Zweck sichtbar, der über soziales Beisammensein nicht nur hinaus-, sondern darüber hinweggeht, weil nichts anderes als die „Hebung" der *persönlichen* Stimmungslage und damit des Befindens angestrebt ist. Feiern ist in diesem Sinn nichts anderes als *Sich-Feiern*, sprich seinem Ego einen passablen Auftritt vor Publikum zu verpassen. Größenfantasien spielen dabei eine entscheidende Rolle. Crack, Speed oder andere Drogen verleihen Allmachts- und Überlegenheitsgefühle, die mit psychotischem Größenwahn identisch sind.

Hier wird dann also ein Kompensationsgrund sichtbar, der die psychosoziale Vorgeschichte der Feiernden beleuchtet und von sozialpsychologischer Relevanz ist, wenn es sich um kollektive Muster handelt. Da der Alkohol- und Drogenmissbrauch (eine Tautologie) nachhaltiges Suchtverhalten programmiert, ist die Selbstschädigung ein Grundzug der Motivlage, die im Kern von dem bestimmt wird, was Sigmund Freud den „Kleinheitswahn" nannte, das Pendant zum Größenwahn.

Die meisten Drogen, darunter auch Alkohol, wirken auf das neurochemische (v.a. dopaminerge) Belohnungssystem und „überhöhen" die Selbstbewertung. Im megalomanen Rausch wird auf einmal „der kleine Hans ganz groß" und fühlt sich seinen Alltagssorgen enthoben, mögen sie noch so riesenhaft erscheinen. Goethe beschreibt diesen Effekt psychologisch einfühlsam durch seinen (von vornherein zum Scheitern verurteilten) Faust, wenn er diesen deklamieren lässt:

Schon glüh' ich wie von neuem Wein.
Ich fühle Muth, mich in die Welt zu wagen,
Der Erde Weh, der Erde Glück zu tragen,
Mit Stürmen mich herumzuschlagen,
Und in des Schiffbruchs Knirschen nicht zu zagen.
(Vs. 463ff.)

Wie sich im Drama aber bald herausstellen wird, lässt sich dies „Mütchen“ freilich nur mit Hilfe des Teufels kühlen, sprich durch den Pakt mit dem Bösen, dem naturgemäß nichts heilig ist.

Vor diesem Hintergrund kommt – der Mythos ist der Vorläufer der Psychologie – eine Schuldproblematik in den Blick, wie sie sich in jeder Selbstbestrafungshandlung äußert. „Feiern“ erscheint nun nicht mehr als hedonistischer Vergnügungsakt, sondern im Gegenteil als Teil einer apokalyptischen Bestrafungszeremonie, bei der man „seinen Kelch zur Neige trinkt“. Eine Art Opferritual soll wiedergutmachen, was man sich zu Schulden kommen ließ, wobei dem Feiernden nicht bewusst ist, warum er das überhaupt tut und um welche Schuld es sich handelt.

Nur in Exzessen wie dem beliebten „binge drinking“, fälschlich auch „Komasaufen“ genannt, wird direkt erkennbar, dass es sich um gewollte Intoxikation und damit einen Angriff auf das eigene Leben handelt. Da es in Gesellschaft geschieht, ist eine gewisse Demonstrationswirkung gesichert und damit ein öffentliches Signal gegeben, das andere zu Zeugen eines umfassenderen Desasters macht. Der Einzelne will nicht allein für seine „Schuld an der Krise“ verantwortlich sein.

Das Gift der Schuld soll also durch das Gift der Strafe ausgeglichen, „gesühnt“ und appellativ verbreitet werden. Faust – um auf das Drama zurückzukommen – steuert von Anfang an auf jene Szene zu, in der er zur toxischen „Phiole“ greift („Du Inbegriff der holden Schlummersäfte/ Du Auszug aller tödlich feinen Kräfte“, Vs. 693f.) und die Kolbenflasche zum Zweck der Selbstvernichtung an die Lippen setzt.

Da die psychische „Schuld“, von der hier die Rede ist, auch psychosoziale Wurzeln hat, ist sie dem Einzelnen ohne analytische Introspektion kaum ersichtlich. Es ist eine Bringschuld, die ihn oder sie in permanenten Verzug gegenüber Sollvorgaben, Vorschriften, Erwartungen anderer, insbesondere gesellschaftlichen Normen, elterlichen Zukunftsprojektionen, populären Berufszielen (Model, Popstar, Fußballprofi, Influencer/Influencerin) oder (evtl. subversiven) Maßstäben der *peer group* versetzt.

Einen erheblichen Anteil an dieser Schuld hat jedoch die Selbsterwartung, die über das Ich-Ideal reguliert wird, eine ebenfalls unbewusste Größe, die zumeist unrealistisch dimensioniert ist („Griff nach den Sternen“) und sich allenfalls als „brennender Ehrgeiz“ bemerkbar macht. Hier wird dann permanent Maß genommen an dem, was man zu erreichen versucht, wonach man ausgreift, ein Vorgang, der einem surrealen Gerichtsprozess gleicht. Ist das Ideal gänzlich außer Reichweite, wächst der Erwartungsdruck ins Unermessliche. Damit aber erreicht das Gefühl des Ungenügens eine Marke, die das gänzliche Scheitern nicht mehr leugnen lässt. Das Urteil „schuldig“ steht dabei allerdings von vornherein fest.

***

Dass ein Mensch nicht „genügen“ kann, ist immer und auch ohne besondere Anforderungen wahr, das beginnt in früher Kindheit, wenn das Kind zunehmend unter seiner Abhängigkeit leidet, die ihm Unvollständigkeit und Ungeschick suggeriert, jedenfalls Unterlegenheit gegenüber älteren Kindern und Erwachsenen. Das liegt also nicht an einem Mangel an Selbstvertrauen, sondern an mangelnder Selbsterfahrung, die auf natürlicherweise (noch) nicht vorhandene oder umstände- oder erziehungshalber vorenthaltene Gelegenheiten zur praktischen Erprobung zurückgeht, durch die Menschen ihre Unabhängigkeit vor sich selbst beweisen.

Es handelt sich generell keineswegs nur um Versäumnisse in früher Kindheit, sondern um altersübergreifende Muster, wie sie in Zeiten vernachlässigender bis überbehütender Erziehungsstile und passivierender Mediennutzung überhandnehmen. Deshalb ist der Selbsterfahrungsmangel längst zu einem Problem geworden, das Psychologie, Sozialpädagogik wie auch Kriminalistik und Politik nachhaltig beschäftigt. Unter den Präventionsmaßnahmen etwa im Rahmen von Suchtproblematiken werden nicht umsonst handlungsorientierte Ansätze vorgeschlagen, die beispielsweise in einem sozialen Pflichtjahr integriert werden könnten, um die Erfahrungsdefizite von Heranwachsenden und jungen Erwachsenen zu lindern.

In seinem Buch *Rausch und Identität* (2014) fasst der österreichische Erziehungswissenschaftler Peter Koler die Arbeitsfelder auf dem Gebiet der Suchtprävention zusammen:

> Es braucht eine Menge von Möglichkeiten, die es erlauben, sich zu entwickeln und zu wachsen, indem die eigenen Fähigkeiten genutzt bzw. entdeckt werden können. Bestenfalls in der Mischung: ein Drittel beim Arbeiten, ein Drittel beim Helfen, ein Drittel durch Selbstbetätigung. Das schließt unzählige Bereiche ein: beispielsweise die eigenen geistigen Fähigkeiten zur Geltung bringen und einsetzen, seine Begabungen entdecken und leben, den eigenen Körper beherrschen durch Sport und Bewegung, alle Sinne nutzbar und spürbar machen, Meditations- und Entspannungstechniken ausüben, musikalische Fähigkeiten, soziales Engagement, in Vereinen tätig sein, u.v.m. [...] Das Erfahren von Selbstwirksamkeit ist einerseits eng mit dem Erfahren von sozialer Anerkennung verbunden. Ebenso verhelfen aber auch das Wissen und Nutzen von geeigneten Bewältigungsstrategien für die individuellen biografischen Herausforderungen zum Herausbilden einer stabilen Zuversicht. Beides verhilft zu Erfolgserlebnissen und dient der Erlangung eines eigenen stabilen Selbstvertrauens. Notwendig

> sind eine Vielzahl von Angeboten, die einen Zugang zu ressourcenaktivierenden Erfahrungswelten bieten. Dadurch wird es möglich, Zuversicht und Optimismus entstehen zu lassen. Die Übernahme von angemessener Verantwortung in allen Lebenslagen fördert das Gefühl, dass man den Anforderungen gewachsen ist. [...] Ein stabiler Selbstwert ist eng gekoppelt mit einem Gesundheitsbegriff, der unter gesund versteht, ausgelastet zu sein und mitmachen zu können. Nicht arbeiten zu dürfen bis zum 16. Lebensjahr und als Jugendlicher wenig Möglichkeiten zur Mitgestaltung des gesellschaftlichen Lebens zu haben, schmälert in diesem Sinne auch die Möglichkeiten, Verantwortung übernehmen zu dürfen. Eng verbunden mit dem Selbstwert ist zudem die Fähigkeit, für sich Sorge zu tragen. Dazu gehört auch die Fähigkeit zu besitzen, einen Zugang zu den eigenen Gefühlen zu haben, mit diesen umgehen und sie ausdrücken zu können sowie sie zu Sprache werden zu lassen. Sozial verantwortliche Selbstsorge schließt immer Sorge für andere in sich ein: Die Sorge für sich selbst wird verbunden mit der Sorge für die anderen. Prävention aktiviert sich in diesem Bereich u.a. durch Angebote der Persönlichkeitsbildung im weitesten Sinne. (2014: 189f.)

Ohne Erfahrung gerät der Einzelne andernfalls mehr und mehr in ein Distanzverhältnis zu den Wirklichkeiten seiner Umwelt, seien sie ökonomischer, politischer oder technischer Art. Da er sie kaum durch Teilhabe oder Anwendung kennenlernt und somit weder durchschauen noch steuern kann, macht sich ein Gefühl der Ohnmacht breit, das ihm Unvermögen und Unmündigkeit bescheinigt. Nun fühlt er sich nicht nur von tragendem Mitwissen, operativem Knowhow und Selbstwirksamkeit ausgeschlossen, sondern auch gesellschaftlich entmachtet und isoliert.

Verstärkt wird diese Problematik derzeit noch dadurch, dass die Milleniumsgeneration *(generation Y)* und die nachfolgende Generation der *digital natives (gene-*

ration Z) in den entwickelten Ländern psychosoziale Voraussetzungen antraf, welche die Überbehütung und emotionale Stimulierung auf die Spitze trieb. Statt damit aber Ichstärke und frühe Selbstständigkeit zu bewirken, führte dies in vielen Fällen zu narzisstischen Störungen und damit erheblichen Selbstfindungsproblemen. Ausgerechnet diejenigen, denen man doch eine sorg- und konfliktlose Kindheit ermöglichen wollte, leiden später unter chronischen Minderwertigkeitsgefühlen und unheilbarem Geltungsdrang. Dass daraus zusätzlicher Kompensationsbedarf entsteht, der die „Feierlaune" bis zur Narkotisierung treibt, ist nur allzu verständlich.

Wie sich Gefühle der Überflüssigkeit und des geminderten Selbstwerts bei ganzen Gesellschaftsgruppen auswirken, kennen wir aus den Unruhen in den Ghettos der französischen Vorstädte. Dort bricht sich der Unmut periodisch in Ausbrüchen Bahn, die das soziale System in Frage stellen. Wer nicht gebraucht wird, führt das Versprechen der Chancengleichheit durch militante Selbstverweigerung *ad absurdum.* Aus diesem Teufelskreis gibt es irgendwann keinen Ausweg mehr. Die Spirale der Gewalt dreht sich, auch jene, die die Betroffenen gegen sich selbst richten, etwa durch narkotisierenden Drogenkonsum oder die Gefahren krimineller Exposition.

Viele der Ausgrenzungsmechanismen laufen daher als *selffulfilling prophecy* ab, das heißt sie generieren sich selbst, indem sie dem Stigma der Unbrauchbarkeit oder Unwillkommenheit zuarbeiten. Gesellschaftliche Beteiligung ist unter solchen Umständen für die jungen Menschen weder machbar noch erstrebenswert. Der Paria will an seinem vermeintlichen Schicksal nichts ändern, womit er ein- für allemal „draußen" bleibt und sein gesellschaftlicher wie lebenspraktischer Erfahrungsrückstand zunimmt. Dass damit auch der individuelle „Schuldenstand" und mit diesem der Kompensationsbedarf wächst, liegt auf der Hand.

Doch ist solcher Teilhabe- und Erfahrungsrückstand nicht nur eine Folge der sozialen Desintegration und Entmündigung. Das Phänomen muss auf einer kulturhistorischen Ebene betrachtet werden. Das wurde bereits in den 1950er Jahren sichtbar. Damals zeichnete der Kulturkonservative Arnold Gehlen das beunruhigende Bild eines prekären Sozialklimas, das er auf die Umwälzungen des industriellen Zeitalters und die damit verbundene Selbstentfremdung des Menschen durch „Erfahrungsverlust“ zurückführte. In seiner Untersuchung der *Seele im technischen Zeitalter* schreibt er:

> Letzten Endes scheint uns die Krise [...] in dem Sinne eine „totale“, daß die Grundkoordinaten der Weltinterpretation zweifelhaft geworden sind. Ein Grundbedürfnis des Menschen, von dessen Erfüllung zweifellos seine Sicherheiten und Gewißheiten letzter Instanz abhängen, ist jedenfalls ungedeckt: die Stabilisierung des Lebensraumes gelingt der technischen Kultur nicht, ebensowenig wie die Stabilisierung des „Sozialraumes“. [...] Anthropologisch gewendet wird damit aber gesagt, daß es an stabilen Außenhalten für unsere Gesinnungen, Verpflichtungen und sogar unsere Meinungen fehlt, an einem invarianten Schatz von Gebräuchen, Gewohnheiten, an Einrichtungen, Symbolen, Wegweisern und „kulturellen Immobilien“, denen wir die Steuerung unseres Verhaltens in dem Gefühl überlassen können, es richtig zu machen. Wir sind umgekehrt genötigt, in dauernd wacher Bewußtheit, in einer Art chronischen Alarmzustandes die Umwelt und unser eigenes Handeln immerfort sachdiagnostisch und ethisch zu kontrollieren, ja, jederzeit Grundsatzentscheidungen zu improvisieren. (1967 [1957]: 51ff.)

Konkrete Parallelen sah Gehlen einige Jahre später in seinen Studien zur Anthropologie und Soziologie zwischen Alexis de Tocquevilles Sittenbildern der frühindustriellen USA um 1830 und seiner eigenen Zeit und fragt sich, wohin die von autoritären Sehnsüchten und Tendenzen der Selbstentmündigung bewegten Massen trieben:

> Was hat Tocqueville hier beschrieben? Sah er die überfüllten Millionenstädte in den Wohlfahrtsstaaten reicher Industriegesellschaften vor sich, meinte er die Zustände, die eintreten würden, wenn alles Politische von den riesigen Apparaturen der Daseinsverwaltung aufgesogen sein würde? Meinte er mit dem fürchterlichen Wort von der „geregelten, milden und friedlichen Knechtschaft", die sich „sogar im Schatten der Volkssouveränität niederlassen" könne, vielleicht gar nichts Politisches, sondern die Konsumdiktatur, die sich in das Gefühl der Freiheit umsetzt? (1993 [1963]: 214)

Tatsächlich ging Gehlen davon aus, dass die bedarfssteuernde Überflussproduktion, die dem industriellen Wirtschaftskreislauf zugrunde liegt, eine Subfunktion der Wohlstandserzeugung ist und damit einer Antriebskraft gehorcht, der sich alle bei wachsender Abhängigkeit ausweg- und widerstandslos unterwerfen. Über den Angebot-Nachfrage-Zyklus schreibt er:

> Der Prozeß ist irreversibel, die Versorgung steigender Bevölkerungen bei steigenden Ansprüchen mit zunehmenden Gütermengen muß gewollt werden, aber die Konstatierung des Vorgangs und die Abrechnung auf der geistigen und moralischen Kostenseite sollten erfolgen, solange das noch möglich ist. Und da ist zu sagen: das System steht nicht nur auf der Voraussetzung des Rechtes auf Wohlleben, es tendiert dazu, die Gegenposition, nämlich das Recht auf den Verzicht auf Wohlleben, unmöglich zu machen, und zwar indem es die Konsumbedürfnisse selbst produziert und automatisiert. Vielleicht liegt hier überhaupt die Wurzel aller neuverbreiteten Unfreiheiten. (ebd. 221)

***

In den Analysen des französischen Soziologen Alain Ehrenberg hätte Gehlens philosophische Bestandsaufnahme als Anamnese eines verbreiteten Krankheitsbilds dienen können. Ehrenberg stufte die im entwickelten Westen endemisch zunehmende Depression als „Krankheit der Freiheit“ (2008: 40) ein, für die er besonders die liberalen gesellschaftlichen Verhältnisse im Zeichen des Konsumismus als Nährgrund bestimmte. Damit rückte der Hyperindividualismus und mit ihm die Beliebigkeit der Lebensweg- und Sinnentscheidungen, der Zwang zur Unterscheidung von anderen, insgesamt die hohe Erwartung an Autonomie und Selbstbestimmung bei gleichzeitiger gesellschaftlicher Entmündigung und psychischer Abhängigkeit in den Blick.

Das Subjekt, so Ehrenberg, reagiere auf die egalitäre Freiheit, insbesondere den Zwang zu einer authentischen Subjektivität unter diesen Umständen oft genug nicht als Chance der persönlichen Wahl, sondern als Fluch, der die Wahl zur Qual macht. Das Ich sei deshalb von solcher Rundumwahl erschöpft und existenziell „ermüdet“ – *La Fatigue d'être soi – dépression et société* heißt einer seiner Buchtitel von 1998. Darin bezeichnet er die Depression als „ein Laboratorium für die Ambivalenzen einer Gesellschaft, in der der Massenmensch sein eigener Souverän sein soll“ (2008: 20). Weil dieser der Emanzipation von einst leitenden Strukturen, Personen und Institutionen nicht gewachsen sei; weil z.B. das religiöse durch das säkulare, das soziale durch das individualistische Paradigma abgelöst worden sei; und weil er die damit verbundenen Enttäuschungen nicht verwinden könne,

> [...] ist die Depression die Tragödie der Unzulänglichkeit. Sie ist der vertraute Schatten des führungslosen Menschen, der des Projekts, er selbst zu werden, müde ist und der versucht ist, sich bis zum Zwanghaften Produkten oder Verhaltensweisen zu unterwerfen. (ebd. 23)

Als „Krankheit der Verantwortlichkeit, in der ein Gefühl der Minderwertigkeit vorherrscht“ hemmt sie die selbstbewusste Entwicklung und verstellt den Blick auf eine Zukunft der Selbstverwirklichung. „Die Psyche muss heute mit instabilen Beziehungen zwischen Schuld, Verantwortung und Geisteskrankheit umgehen“ (ebd. 15).

Mit Ehrenberg stößt die Sozialpsychologie erneut auf das „schwache Ich“, wie es bereits im psychoanalytischen Ursprungskonzept des Autoritarismus Erich Fromms angelegt war. Damit wird unterstrichen: Es ist nicht krude, offen *repressive* Gewalt nötig, um den neuen autoritären Charakter zu prägen. Gewalt lässt sich etwa auch im Stigma des Deklassierten, dem Vorenthalten von Rat und Hilfe, im suggestiven Nahelegen von „Überflüssigkeit“ und Minderwert, in ökonomischer Bedrohung, z.B. durch Arbeitsplatzverlust, ja allgemein im grotesken Missverhältnis von Massenformat und Individualität erfahren.

Vor allem aber wird auch in diesem Zusammenhang das vorprogrammierte Scheitern am Ich-Ideal, das psychische Leid durch Enttäuschung über vermeintliches Versagen verständlich. Auch der Berliner Kultursoziologe Andreas Reckwitz bestätigt diesen Befund von Seiten der Sozialwissenschaft jüngst in seinem Buch *Gesellschaft der Singularitäten* (2017), wo er sich ausdrücklich auf Ehrenberg beruft:

> Der singularistische Lebensstil mit seinem Modell der erfolgreichen Selbstverwirklichung potenziert nicht nur neue Chancen auf hohe Befriedigung, sondern gleichzeitig vielfältige Enttäuschungen, für deren Bewältigung er zudem kaum kulturelle Mittel an die Hand gibt. Zugespitzt formuliert: In der Kultur der Spätmoderne kann man, was den empfundenen Lebenserfolg angeht, besonders hoch steigen – höher als in der nivellierten Mittelstandsgesellschaft – und umgekehrt besonders tief fallen, das heißt subjektiv „versagen“. [...] Wenn das spätmoderne Selbst an etwas leidet, dann nicht mehr – wie zu Sigmund Freuds Zeiten der bürgerlichen Gesellschaft – an einem zu starken Über-Ich, sondern an einem starken Gefühl des subjektiven

> Ungenügens angesichts nicht bewältigter Enttäuschungserfahrungen. (2017: 349)

Allein am Fokus der wissenschaftlichen Literatur dieser Jahre lässt sich erkennen, wie sehr *Das überforderte Subjekt* (Fuchs et al. 2018) die *Negative Moderne* (Hillenkamp 2016) erlebt und dass die *Strukturen der Freiheit und der Sturz ins Nichts* (dto.) mit erheblichem Leidenspotenzial aufwarten.

***

Da der gesellschaftliche Wandel immer öfter, immer kurzwelliger mit Regressionen, Revisionen und Auflösungen einhergeht – seit Émile Durkheim ist der Begriff *Anomie* (griech. *άνομος* „gesetzlos“) gebräuchlich –, hat er einen negativen Vektor auch dann, wenn er insgesamt ins Positive zeigt, und sei es nur deshalb, weil er das Problem *vor* die Lösung stellt. Es sind dann die autoritären Orientierungen der Menschen selbst, in deren Verlangen nach Halt und Bindung – Ralf Dahrendorf spricht von „Ligaturen“ (lat. *religare* „festbinden“) – sich die wahre Bedrohungslage anzeigt:

> In von Anomie bedrohten Gesellschaften ist es vielleicht nicht überraschend, dass orientierungslose Menschen sich für absolute, für totale Ligaturen begeistern. Wohl aber ist es ebenso freiheitszerstörend wie die ideologisch begründete politische Tyrannei. [...] Nichts ist kennzeichnender für die Auflösung von Strukturen, als das ständige Gefühl der Bedrohung. (2007: 46f.)

Der französische Soziologe Pierre Bourdieu spricht bei unterschwellig repressiver Handlungslenkung durch herrschaftliche oder majoritäre Denk- und Wahrnehmungsmuster von *violence symbolique* und macht damit klar, wie sehr solche Lenkung mit Gewalt einhergeht; einer „sanften

Gewalt" (*violence douce*), die ich mir selbst antue, indem ich sie akzeptiere:

> Von symbolischer Herrschaft oder Gewalt sprechen heißt davon [sprechen], dass der Beherrschte, von einem subversiven Aufruhr abgesehen, der zur Umkehrung der Wahrnehmungs- und Bewertungskategorien führt, dazu tendiert, sich selbst gegenüber den herrschenden Standpunkt einzunehmen. (2005: 202)

Tatsächlich ist immer „symbolische Gewalt" am Werk, wenn ich unter innerem Konformitätszwang etwas tue, was mir womöglich widerstrebt (womit ich zum Komplizen meiner Gegner werde), oder wenn man meine Mündigkeit in Abrede stellt – aber auch dann, wenn mir die Anpassung Genugtuung, ja Glücksgefühle verschafft, wie das bei erfüllten Konsumzwängen der Fall ist. Die unbewusste Handlungssteuerung ist von Werteinstellungen begleitet, wie sie, kulturell oder werbepsychologisch vermittelt, der Verschleierung und Legitimierung der Machtverhältnisse dienen. Bourdieu verdeutlicht:

> Wenn es richtig ist, an den Eigenbeitrag der Beherrschten zur Herrschaft zu erinnern, so ist sogleich daran zu erinnern, daß die Dispositionen, die sie zu dieser Mitwirkung verleiten, gleichfalls ein – inkorporierter – Herrschaftseffekt sind, genauso wie, nebenbei bemerkt, die Dispositionen, die dafür verantwortlich sind, daß, nach einem Wort von Marx, „die Herrschenden von ihrer Herrschaft beherrscht" werden. (2004: 16)

Auch andere nicht-psychopathologische Diagnostiken zum Thema „Ambivalenz der Moderne" bestätigen heute das Vorhandensein subtiler Gewalt etwa in Form von Stresslast, Überforderung, Profilierungs- und Originalitätsdruck, Anpassungs- und Leistungszwang, angsteinflößenden Zukunftsperspektiven.

Bereits Louis Althusser (1969) hatte darauf hingewiesen, dass sich Herrschaftsideologien in „Apparaten“ verbergen können, die von Institutionen, Gremien, gängigen Praktiken wie Ernährungsgewohnheiten über Moden und „Habitusformen“ bis zu Moralprinzipien reichen.

Da praktisch keine der gesellschaftlichen Lebenswirklichkeiten ideologiefrei ist, sind die Möglichkeiten der indirekten Pression breit gestreut. Allein unter die *externen* Anforderungen im gegenwärtigen Individualisierungsgeschehen rechnet der Bielefelder Konfliktforscher Wilhelm Heitmeyer derzeit z.B. folgende Tatsachen:

> - Die Chancen der Lebensplanung und die Vielfalt der Optionen nehmen zu, aber die Berechenbarkeit der Lebenswege nimmt ab.
> - Die Zahl der Entscheidungsmöglichkeiten wächst, aber es steigt auch der Entscheidungszwang, während man zugleich die Folgen der Entscheidungen nicht oder kaum absehen kann.
> - Die Chancengleichheit in manchen Bereichen wird größer, dadurch steigt aber auch der individuelle Konkurrenzdruck in Bezug auf Statuserwerb und -sicherung.
> - Die Befreiung aus einem Lebenslaufkorsett erhöht die Gefahr des Verlustes sozialer Verortung.
> - Gewissheiten gehen verloren, aber das auf Selbstberuhigung abzielende Bedürfnis nach ihnen bleibt.
> - Die Lockerung von Normen und die Optionsvielfalt erweitern Freiräume. Verständigungsverluste über die Geltung von Normen können, anstatt Freiheit zu ermöglichen, umschlagen in eine Situation, in der unbeschränkt das Recht des Stärkeren gilt. (2018: 79f.)

Gerade *anomische* Erfahrungen – nach Durkheim Erfahrungen „gestörter Ordnung“ (1990: 289) – sind geeignet, Ausflüchte in politische Heilsversprechen und „alternative“ Sinnangebote zu suchen. Aus Diskurs und Auseinandersetzung werden in der Folge Meinungsdogmatismus und Privatmythologie, ein dissoziales Phänomen, das die gesellschaftliche Desintegration durch Polarisierung vorantreibt. Sobald die psychische Abwehr beschlossene Sache ist, finden intellektuelle Vermittlungen nicht mehr statt. Stattdessen wird unter allen Umständen die Abwehr ausgebaut und verbal legitimiert.

Selbst abenteuerlichste Verschwörungslegenden werden nun nicht mehr verschwiegen geglaubt, sondern von Mund zu Mund weitergegeben, als handle es sich um begehrte Erlösungsbotschaften oder Zauberformeln. Da der Meinungsrigorismus Keile zwischen die Menschen treibt und so das soziale Gefüge weiter entzweit, ist er eine zusätzlich gewaltverstärkende Kraft, die autoritäre Reaktionen hervorruft.

Dasselbe gilt für die affektiv oder ideologisch verzerrte Wahrnehmung der Wirklichkeit. Werden Realitäten „verbogen“, soziale Fakten ignoriert, um sie nach den Gesetzen des Egokosmos passend zu machen, ist bereits psychische Gewalt im Spiel. Das hybride Gebilde, das sich auf diesem subjektiven Nährgrund formiert, ist in sich maximal heterogen, egozentrisch und streitbar, ja zuweilen militant defensiv, wenn es sich mit und an anderen messen soll. Seine abgeschirmte „Komfortzone“ steckt voller Widersprüche, Ungereimtheiten und emotionaler Turbulenzen. In seiner narzisstisch geblähten Bestimmtheit ignoriert, ja bekämpft es *andere*.

Das Autoritäre wird so zum Instrument der Realitätskontrolle, wobei diese „Realität“ eine irreale, subjektiv zurechtgemachte ist. Niemand, keine Institution, weder Wissenschaft noch Religion, besitzen für das konkurrierende Behauptungskonstrukt, das sich „Meinung“ nennt, Autorität. Und so wird mit dem selbstgemachten Rettungsring auf hoher See jeglicher andere Halt aufgegeben.

Wer der Meinung ist, ein solches Charakterbild, das mit Verhaltenszügen wie Meinungsdominanz und Lügenmanie (Pseudologie) einhergeht, habe es schon früher gegeben, denkt vermutlich an den klassischen „autoritären Charakter“ Fromms, Horkheimers und Adornos oder an Johan Huizingas „puerilistische“ Perversion des *Homo Ludens* (1938). Arnold Gehlen fügte Anfang der 1960er Jahre noch einige Merkmale hinzu wie

> [...] das Fehlen des Sinns für Humor, übertriebenes Reagieren auf Worte, Zumutung von bösen Absichten oder Motiven bei anderen, Unduldsamkeit gegen jede andere Meinung, der Hang zu maßlosen Übertreibungen und die Zugänglichkeit für jede Illusion, die der Eigenliebe oder dem Gruppenbewußtsein schmeichelt. (1993: 207)

Dieser Charakter ist somit zwar keine „reine Neuheit“, aber sein liberal-egalitärer Nährgrund sowie die Erfahrungen des multiplen Kontrollverlusts in einer hochambivalenten modernen Welt machen ihn mit gewissen Einzelmerkmalen und der überaus paradoxen Grundverfassung zu einem „Mutanten“ des „autoritären Charakters“.

Vor allem seine „rohe Bürgerlichkeit“, wie Heitmeyer es formuliert, zeigt ihn in konfrontativer Wut auf die anomischen Veränderungen in der Gesellschaft, die ihn mit dem Ende vertrauter Routinen überfordern. Seine Ängste, Befürchtungen und Alpträume gipfeln in Perspektiven des Wohlstands-, Freiheits- und Statusverlusts und auch darin, „dass aufgrund der technologischen Umwälzungen eine neue Klasse von *Überflüssigen* entstehen könnte“ (2018: 125).

Der Haller Sozialwissenschaftler Helmut Thome konkretisiert einige der anomischen Bedrohungen wie folgt:

> (1) Je dominanter die Ökonomie, umso poröser werden Bindungen an Werte und Normen, nicht nur diejenigen, die den illegitimen Erwerb von Geld und Eigentum hindern. [...]
> (2) Je weiter das Medium Geld/Eigentum in andere Teilsysteme außerhalb der Wirtschaft hineinreicht, insbesondere auf dem Wege der Kommerzialisie-

> rung (etwa in den Bereichen Sport, Kunst, Freizeit) und der Privatisierung ehemals öffentlicher Dienstleistungen (z.B. im Verkehrs- und Medizinbereich), desto stärker reduziert sich das Gewicht alternativer Handlungsziele außerhalb des ökonomischen Erfolgs. [...]
> (3) Das wirtschaftliche Handeln ist primär am Eigennutz orientiert, auch kooperative Vereinbarungen sind Mittel zu diesem Zweck. Wie schon Adam Smith verdeutlicht hat, kann auf diesem Wege das Gemeinwohl nur gefördert werden, wenn bestimmte moralische Grundsätze befolgt werden, deren Bindekraft auf andere Weise – außerhalb des Wirtschaftssystems – generiert werden muss, nicht durch „strategisches", sondern durch „verständigungsorientiertes" Handeln (Habermas). Die fortschreitende Ökonomisierung drängt jedoch – schon aus Gründen zunehmender Zeitknappheit – das verständigungsorientierte zu Gunsten des instrumentellen und strategischen Handelns zurück. [...]
> (4) Vermöge seiner dominanten Position exportiert das Wirtschaftssystem, u.a. über die Volatilität der Finanzmärkte, die ihm inhärenten Erwartensunsicherheiten in andere gesellschaftliche Bereiche. [...]
> (5) Anomische Konsequenzen ergeben sich zudem durch die (vor allem über die Werbeindustrie vorangetriebene) Ökonomisierung der Massenmedien und der modernen Kommunikationstechnologie, die die Trennung von privatem und öffentlichem Bereich zunehmend unterminieren und darüber hinaus noch weitere Prozesse der Entdifferenzierung symbolisch konstituierter Sinnwelten vorantreiben, bspw. exhibitionistisches und Normen verletzendes Verhalten als Attraktion verkaufen. (2016: 274f.)

Welche individual- und sozialpsychologischen Folgen solche Zersetzungs- und Umwertungsprozesse haben, erfahren wir heute täglich, ob wir auch nur in der Bahn (oft vergebens) auf einen freundlichen Menschen warten, der seinen Platz für einen Behinderten freigibt; ob wir dem Menschengedränge am U-Bahnausgang nicht ohne Havarieschaden entkommen, der Beschimpfung von Rettungssanitätern beiwohnen oder der lärmigen Rücksichtslosigkeit nächtlicher Komasäufer in den Innenstädten begegnen (um nur einige der marginaleren Ordnungsverluste zu nennen). Thome resümiert:

> Die chronische Anomie unterminiert den moralischen Individualismus zu Gunsten des „egoistischen" oder „exzessiven" Individualismus. Die Spannung zwischen Gemeinsinn und Selbstbestimmung wird tendenziell zugunsten einer hedonistisch geprägten Selbstbezogenheit aufgelöst. Als soziale Praxis stellt sich der exzessive Individualismus als rigorose Verfolgung persönlicher Interessen dar, wobei die anderen vor allem als Mittel zum eigenen Zweck dienen. (ebd. 263)

Reckwitz (2019) beschreibt die gesamtgesellschaftlichen Umbrüche ähnlich, wobei er sich fragt, wie man unter diesen Umständen den demokratischen Liberalismus erhalten kann:

> Generell müssen wir nämlich damit rechnen, dass die gesellschaftliche Entwicklung im 21. Jahrhundert Verlusterfahrungen mit sich bringt (oder schon mit sich gebracht hat), die sich nicht ohne Weiteres kurieren lassen. Diese Verluste müssen benannt und verarbeitet werden, um nicht auf Dauer in der populistischen Spirale von Empörung und Gekränktheit zu verharren. Drei systematische Ursachen für diese Realität der Verluste lassen sich benennen: Die Transformation von der industriellen zur postindustriellen Gesellschaft, welche durch die Digitalisierung noch weiter angeheizt wird, bewirkt erstens unwiederbringlich den Verlust der gesicherten industriellen Welt der körperlichen und administrativen Routinearbeit, die zugleich dem Modell einer „Gesellschaft der Gleich-

heit“ eine lebensweltliche Basis bieten konnte. Im Zuge des Globalisierungsprozesses steigen zweitens Teile des globalen Südens, vor allem in Ost- und Südasien, ökonomisch und politisch empor, so dass „der Westen“ wohl unwiederbringlich dabei ist, seine Hegemonie, sein Privileg auf Wohlstandsanhäufung und politische Herrschaft zu verlieren. Die Potenzierung ökologischer Probleme, welche die industrielle und postindustrielle Lebensweise mit sich bringt und die im Klimawandel kulminieren, wird drittens schließlich unwiederbringlich den Verlust eines Modells bedeuten, welches eine Steigerung materiellen Wohlstands in eine unendliche Zukunft als Normalfall annahm. Der klassische Begriff des Fortschritts, der uns seit der Aufklärung als Maßstab der politischen und gesellschaftlichen Entwicklung dient, bedarf im 21. Jahrhundert selbst einer Revision. (2019: 304)

4.

Die Abschaffung der Ungleichheit

Wer kennt sie nicht, jene Karikatur, die Elephant, Affe, Fisch und Vogel in einer Reihe vor einem Kommittee zeigt, wo sie ihre Prüfungsaufgabe entgegennehmen. Sie lautet etwa: „Zum Ziele einer gerechten Auslese ist die Prüfungsaufgabe für sie alle gleich: Klettern Sie auf den Baum!"

Die Pointe ist klar: Wir haben uns an dem Gleichheitsbegriff vergangen und stehen erschüttert vor den Folgen des Missbrauchs. Gleichheit ist kein Segen, sondern ein Fluch, wenn sie auf dem Papier steht und gar noch missverständlich „verfasst" ist. Sie ist nicht nur eine Zumutung und heuchlerische Überspannung der Natur, sondern eine Unmöglichkeit. Der Unsinn hat einen Gegner: den Vorwurf der Gleichmacherei, was so viel bedeutet wie die Nivellierung von: Eigenart, Talent, Temperament, Bildung, Intelligenz, Statur, Lebens- und Berufserfahrung, Fertig- und Fähigkeit, Lernwille und Gewohnheit, um nur einige zu nennen.

Aus der Tatsache der individuellen Unterschiedlichkeit erwächst nicht nur die natürliche Ungleichheit, sondern die Herausforderung der Gleichbehandlung vor dem Gesetz, soweit wir es mit einer demokratischen Verfassung zu tun haben. Menschen völlig unterschiedlicher Intelligenz und Bildung gleichermaßen objektiv einzuordnen und zu beurteilen, ist für jeden Richter, aber auch jedermann in der Rechtsverwaltung eine Arbeit, die wahrlich den Namen „Maßarbeit" verdient. Damit aber ist der objektivierbare Gleichheitsmaßstab bereits in Frage gestellt. Während der eine äußerste Nachsicht verdient, weil ihm sein Unwissen Grenzen setzt, muss der andere mit beckmesserischer Schärfe an den Kapriolen seiner Schlauheit gemessen werden. Gerade der sozialpädagogische Bonus ist die größte Ursache korrumpierender Rechtsbeugung, die sich mit ihrer humanitären Absicht immer auf der rechten (=richtigen) Seite wissen kann, während die beckmesserische als „unbarmherzig“ oder „gnadenlos“ gelten mag, obwohl sie an nichts anderem misst als an den Tatsachen.

Mit der verfassten Gleichheit, wie wir sie unter „Egalität“ verstehen, gehen Ansprüche hervor, die sich auf die Unfähigkeit stützen, sich selbst in seinen Möglichkeiten realistisch einzuschätzen und im Vergleich mit anderen zu positionieren. Wenn einer der Leitsätze im griechischen Orakel von Delphi lautete „Erkenne dich selbst!“, dann drückt das eines der großen anthropologischen Probleme der Menschheit aus, das in der individuellen Selbstobjektivierung im Vergleich mit anderen besteht. Die antike Polis wusste offenbar, wie es um Menschen bestellt ist, sie sich fälschlich anderer Talente für fähig erachten, als sie sie besitzen. Insbesondere, wenn Menschen an ihren Bürgerpflichten gemessen werden wie in der Polis, sind Maßstäbe erhoben, die praktische neben soziale Kompetenzen setzen und das Verhalten des Einzelnen dem Wohl des Ganzen unterordnen.

Damit sind wir auf dem Feld der Politik, wo die verfasste egalitäre Gleichheit moderner Demokratien suggeriert, dass Gleichheit in allen menschlichen Begabungs- und Kompetenzbereichen herrsche und damit auch alle „über einen Kamm zu scheren“ sind. Der undifferenzierte Blick auf die Welt verrät dann nicht mehr die faktische Kluft zwischen Menschen, die nicht nur respektvoll-toleranten Abstand gebietet, sondern auch die Grundlage einer einsichtsvollen Kooperation und Arbeitsteilung ist. Wenn Gemeinschaft funktionieren soll, muss Ungleichheit nicht nur wertgeschätzt, sondern auch nutzbar gemacht werden.

Die Fähigkeit, von sich *nicht* auf andere schließen zu können, ist eine der Voraussetzungen für ein harmonisches Miteinander. Akzeptanz und Toleranz werden nur in einer Welt geschult, in der Ungleichheit Tugend ist und Konkurrenzneid nicht schon deshalb entsteht, weil man nicht allein auf der Welt ist. Nur wenn unter solchen Voraussetzungen alle zum Wohl aller beitragen, sehen sich auch alle in dieser Eigenschaft geschätzt, unabhängig davon, welche Funktion sie ausüben. Die Überzeugung, nur in einer Kooperative würdig und sinnhaft leben zu können, könnte das soziale Gefälle zu einem Missstand von gestern machen. „Der Geist der Demokratie", schreibt der Baron de Montesquieu,

> [...] verfällt nicht nur, wenn der Geist der Gleichheit verloren geht, sondern auch, wenn man den Gleichheitsgedanken überspannt und jeder denen gleich sein will, die er sich als Regierung gewählt hat. [...] Das Volk will die Aufgaben der Behörden übernehmen, folglich verlieren diese jede Achtung. [...] Die Demokratie muß sich also vor zwei Übertreibungen hüten, dem Geist der Ungleichheit, die sie zur Aristokratie oder zur Alleinherrschaft führt, und dem Geist überspannter Gleichheit, der sie zum Despotismus eines einzelnen führt [...]. Der Unterschied zwischen einer gut verfaßten und einer schlecht geordneten Demokratie besteht darin, daß man in jener nur als Bürger, in dieser aber auch als Beamter, Senator, Richter, Vater, Ehemann und Herr gleich ist. (1992 I: 156-160).

Indem Ignoranz von Ungleichheit zum Verlust von Achtung voreinander führt, geht die Geringschätzung anderer zwangsläufig mit Selbstüberschätzung einher, was jedwede Autorität untergräbt. Nunmehr gibt es so wenig den anderen als unverzichtbaren Mitbürger, wie die Anerkennung seiner Position und Funktion selbstverständlicher Teil des Sozialverhaltens ist. Damit aber werden auch Sozialkorrektive unmöglich, die über Lerneffekte entstehen. Indem ich die Kompetenz und Stellung anderer ihrer unerlässlichen Funktion wegen anerkenne, lerne ich meine eigene Stellung und Kompetenz einordnen und fühle mich vielleicht sogar zur Nachahmung ermutigt, indem ich mich entsprechend bilde bzw. ausbilde.

Lernen heißt doch im Allgemeinen, die Differenz zu einer bisher unerreichten Kompetenzstufe überwinden und damit sich selbst übertreffen. Die motivationale Energie zu dieser Überwindung kann nur aus der Erkenntnis der Differenz kommen und damit gerade des Unterschieds zu anderen. Wenn alle „gleich“ sind, darf es einen solchen Unterschied nicht geben. Mit der funktionalen und autoritativen Nivellierung geht somit auch der Antrieb zum Lernen einher. Der Antrieb zum Anderssein im Sinne der Kompetenz- und Wissenserweiterung fehlt.

Damit komme ich zu einem Punkt, der die Bildungssituation im Allgemeinen betrifft. Gesellschaften, die einen durchschnittlich hohen Ausbildungsgrad als unerlässliches Lebensziel anstreben wie heute vor allem die asiatischen, gründen auf der Anschauung, dass der oder die Einzelne in der Schuld des Ganzen steht und Teil einer Entwicklung zum Besseren der Gesellschaft sei. Die im Westen mittlerweile zu beobachtende Bildungsträgheit oder gar Bildungsverweigerung – 12 % (mehr als sechs Millionen) Analphabeten unter der erwerbsfähigen Bevölkerung allein in Deutschland sind ein beredtes Zeugnis – lassen darauf schließen, dass soziale Mobilität von einem Teil der Bevölkerung weder aus eigener Kraft erstrebt, noch für ihn überlebensnotwendig ist, stattdessen aber vom staatlichen Komfortpaket als *deus ex machina* erwartet wird. Das gilt insbesondere für rund vier Millionen Menschen in dieser Bevölkerungsgruppe, die keinen oder einen niedrigen Schulabschluss besitzen und dennoch die Sterntaler vom Himmel regnen sehen. Dank staatlicher Fürsorge können sie es sich dann auch leisten, ohne nennenswerte berufliche Qualifikation und Gratifikation durchs Leben zu gehen. Ein Bürgermodell aber, das es erlaubt, die Vorzüge der liberalen Wohlstandsgesellschaft zu genießen, ohne den Lebensunterhalt eigenständig zu verdienen, gibt es nicht. Eine Gesellschaft, die dies ermöglicht, untergräbt nicht nur ihre eigene freiheitlich-demokratische Grundidee, sondern setzt Maßstäbe, die eine Mentalität der Indolenz verursacht, und schafft sich auf lange Sicht selbst ab.

Deutschland durchläuft in diesen Jahren einen Prozess der Selbstausbeutung, der von denen angeführt wird, die sich an das Tempo der scheinbar Überforderten anpassen. Es ist das Gebot der Langsamkeit, um nicht zu sagen der Trägheit, das den Gang der Politik bestimmt. Da die „Bildungsfernen" und „Sozial Schwachen", zusammen mit denen, die dem Arbeitsprozess fernbleiben – etwa die Hälfte der derzeit 2,5 Millionen Arbeitslosen haben in Deutschland keine abgeschlossene Berufsausbildung und gelten daher als schwer vermittelbare „Geringqualifizierte" –, als eine Art „Schicksalsbetroffene" angesehen sind, liefert der kompensationswillige Staat, als hätte er ein schlechtes Gewissen, mit den Wohlfahrtsleistungen aus der Arbeitslosenversicherung oder der Steuerkasse für viele *nolens volens* die Legitimation für Inaktivität und Verweigerung.

Zusammen mit den sog. „Unterbeschäftigten" ergab sich beispielsweise im Oktober 2022 eine Problemgruppe von mindestens 6 Millionen Erwerbsfähigen ohne (ausreichende) Arbeit, denen fast 2 Millionen offene Stellen gegenüberstanden, die überwiegend gute Berufsqualifikationen voraussetzten, also für mindestens die Hälfte der Arbeitslosen und viele Geringbeschäftigte gar nicht in Frage kamen. Da die offizielle staatliche Arbeitslosenstatistik große Teile der nicht arbeitenden Erwerbsfähigen ausklammert (z.B. alle Langzeitarbeitslosen über 58, Hunderttausende in staatlichen Förderprogrammen und Arbeitsunwillige), liegen die faktischen Zahlen auf der Seite der Erwerbslosen wesentlich höher und könnten deutlich mehr als 7 Millionen betragen, das wären gut 15 % der rund 45 Millionen Erwerbspersonen. Dass diese Zahlen zwar bekannt, aber nicht in der *mainstream*-Presse publiziert sind, lässt eine Strategie der Schonung vermuten, die dem sozialen Frieden im Land förderlich sein soll. Die gesamtfiskalischen Kosten der Arbeitslosigkeit in Deutschland betrugen nach den Berechnungen des Instituts für Arbeitsmarkt- und Berufsforschung (IAB) im Jahr 2020 rund 63 Milliarden Euro, die Kosten für Kurzarbeit nicht mitgerechnet. Das sind fast 2 % des Bruttoinlandsprodukts. (Gartner 2021; Weber 2020; IAB-Forum 12/2021) Zum Vergleich: Die Ausgaben für Bildung, Forschung und Wissenschaft lagen im selben Jahr bei 160 Milliarden oder knapp 5 % des BIP (Statista 2022).

Eine Art Pygmalion-Effekt (die Anpassung an ein Musterbild) stellt sich dadurch ein, dass allein das Vorhandensein von großzügigen sozialen Transferleistungen den Wohlfahrtsbedarf schafft und sogar steigert. Wenn Großbritannien nach dem Ausbau der Alleinerziehendenhilfe in den 1980er Jahren eine rasche Zunahme alleinerziehender Mütter beobachtet – 2015 lebte dort jedes vierte Kind in einem Singlehaushalt (Bessard, Hoffmann 2016: 90) – oder die Schweiz nach der späten Einführung der obligatorischen Arbeitslosenversicherung 1977 eine stetige und erhebliche Zunahme der Erwerbslosen (Sheldon 2010: 16f.), dann ist hier ein kontraproduktiver Mechanismus der Umverteilung am Werk, der nicht aus Not, sondern aus Nachahmung, Gelegenheit und Gier für Multiplikation sorgt.

Im Zeitalter der *political correctness* – das Wort *wokeness* ist in aller Munde (die Bedeutung im Duden lautet „in hohem Maß politisch wach und engagiert gegen (insbesondere rassistische, sexistische, soziale) Diskriminierung“, wobei auf einen möglicherweise abwertenden Gebrauch hingewiesen wird) – ist die Lizenz zur sozialen Devianz, also zur Nicht-Normerfüllung bereits akzeptierter Standard. Wer „sozial schwach“ oder mit unter 60 % des Medianeinkommens „arm“ ist (= 1250 Euro, bei Familien bis 2600 Euro pro Monat), hat nicht nur keine Diskriminierung zu fürchten, sondern wird suggestiv ermutigt, sein Los mit Stolz und Würde zu tragen, weshalb der Begriff „Armutsbetroffene“ inzwischen als *woke* gilt. Die dahinterstehende Arroganz gehört zur zynischen Strategie des Mittelstands, der keine Neider und erst recht keine Sozialrebellen braucht, die ihm den Wohlstand vergällen. „Gutmenschen“ nennt man heute nicht nur die Sozialromantiker, die aus egalitärer Nächstenliebe stets Grund zur Solidarisierung suchen, sondern auch die Linkshumanisten, die gern eine Rolle als Edelbohemiens in einer sozialistischen Betteloper spielen.

Wer jedoch so mit Blanko-Verständnis „arm" oder „schwach" sein darf, wird zum Beschenkten herabgewürdigt, der nicht mehr für sich selbst sorgen muss. Kann er oder sie gar weder lesen noch schreiben – darunter sind überwiegend Mädchen und Frauen –, braucht er oder sie sich weder zu schämen noch zu grämen und schon gar nicht veranlasst fühlen, Entgangenes nachzuholen. Wenn wir unsere Orthografie vernachlässigen oder im Deutschlandfunk „Nachrichten in einfacher Sprache" senden, sind wir bereits in einer Richtung unterwegs, die den Bildungsnotstand zum Bildungsstandard erklärt. Wir wollen anscheinend nicht länger gebildet sein, wenn es sogar Gebildeten schwerfällt, den Ténor vom Tenór zu unterscheiden. Wir wollen auch keine französischen Verhältnisse, wo eine *Académie française* streng über den nationalen Sprachschatz wacht. Geduldig erklären wir den Bürgerinnen und Bürgern, wie man ohne Gefahr für das Leben sich bei Hitze verhält („Suchen Sie Schatten!") und sich richtig die Hände wäscht („Drei Minuten!"). Im Flugzeug rät eine Stimme der *cabin crew*: „Niesen Sie bitte in den Ellbogen!", bevor sie mahnt, nach dem Schneuzen das Taschentuch richtig zu entsorgen.

Gelegenheiten zur scheinpädagogischen Erniedrigung von Mitbürgern gibt es viele, die sprachlichen Mittel sind mannigfach. Da die Wirklichkeit real und die Realität oft grausam ist, benutzen wir mehr und mehr sprachliche Dämpfer. Alles ist nur „ein bisschen", „ziemlich", „sozusagen" oder „einigermaßen", selbst wenn es schrecklich ist. Verstöße oder Zuwiderhandlungen sind generell nicht verboten, tadelnswert oder sträflich, sondern „nicht okay". Was falsch, schlecht oder korrupt ist, das „geht gar nicht". Was legt man nicht alles in ein theatralisch geheucheltes „WHAT?!", und mit „Fuck!" bezeichnet man sowohl bittere Selbsterkenntnis wie angewidertes Staunen, wenn man nicht gleich zu „Bullshit!" greifen will. Langsam, aber sicher kehrt Sprachlosigkeit ein, schlecht versteckt hinter Rap-Imitaten und emotionsleeren Sprachhülsen, die verraten, wie sehr wir neben uns stehen und die Tatsachen leugnen.

Aber was hat das Muster des „freundlichen Monsters" mit der Abschaffung der Ungleichheit zu tun, die wir in diesem Kapitel demonstrieren wollten? Da die als „politisch korrekt" betrachtete Suggestion von Gleichheit auf die Leugnung der Unterschiede und so auf eine Retusche der anthropologischen und sozialen Wirklichkeit hinausläuft, gehorcht sie demselben Prinzip der Weltbildvereinfachung wie die sprachlichen Tricks, mit denen wir jegliche Ereignisdramatik nivellieren. Das Ziel oder wenigstens die Wirkung ist stets die Entmündigung des Bürgers, der Bürgerin, deren Gefühlsausschläge mediokrisiert werden sollen, um Empörung, Frust, Scham oder Häme zu verhindern. Das „Volk" soll *ein* Volk sein, nicht von Individualisten, sondern von Uniformisten, die eine gewisse *unkritische Masse* garantieren.

Da sich Kreativität und Konformismus ausschließen, verdienen „Herausragende" ebensowenig Autorität und Wertschätzung, wie es noch Despektierlichkeiten gegenüber den Erfolglosen und Saboteuren der Aufklärung gibt. Eine Art *brain-drain* ins Innere Exil hat längst eingesetzt, hochkarätige Leistungsträger verstecken sich in *understatements*, weil sie Anfeindungen befürchten oder mindestens damit rechnen müssen, anderen die Schamröte ins Gesicht zu treiben. Professionelle in Handwerk, Technologie und Wissenschaft stellen ihre Ansprüche zurück, um Auszubildende nicht zu verlieren oder wissenschaftlichen Nachwuchs nicht zu vergrämen. Der jüngste Fall des einst beliebten Maitland Jones, Chemieprofessor an der New York University, der entlassen wurde, weil er nach heutigen Verhältnissen angeblich „zu streng" prüfe, macht deutlich, wie sich der geistige Minimalismus zu institutionalisieren beginnt (*Spiegel Panorama* 5.10.22). Im Verein mit

Juristen ist dies auch in Deutschland ein Trend, der zur Aufweichung etwa der Anwesenheitspflicht bei Studierenden oder zur Vereinfachung, ja Abschaffung von Prüfungen geführt hat. Mit „Corona“ scheint mittlerweile ein hinreichender Grund gefunden, um die Abnahme der intellektuellen Leistungsfähigkeit bei Schülern und Studenten zu erklären. Seit längerem hält man überdies psychische Belastungen im Zusammenhang mit Bildung und Ausbildung für unzumutbar und entschuldigt jedwedes Versagen mit dem Krankenschein. „Burn-out“ ist zum Synonym für Arbeitsunlust, Überdruss oder Überarbeitung geworden.

Da es soziale, genetische, kognitive, ideologische usw. Gleichheit nicht gibt, bleibt am Ende nur die abstrakte „Gleichheit vor dem Gesetz“, die es als verfasste Utopie in der Demokratie trotz fragwürdiger Rechtspraxis – „All animals are equal, but some are more equal than others“ heißt es in George Orwells *Animal Farm* (1945) – schwer hat, nicht die Blaupause für eine Massennivellierung abzugeben, eine Einebnung jeglicher individueller Unterschiede, die an faschistische „Gleichschaltung“ erinnert. Dabei ist Demokratie nur möglich, wenn die individuelle Entfaltung in Freiheit zur mündigen Mitarbeit, zur Partizipation am Ganzen führt.

5.

Die Abschaffung der Eigenverantwortung

Ask not what your country can do for you –
ask what you can do for your country.

John F. Kennedy, 1961

Dass der sogenannte „Sozialstaat" – der Begriff wurde erstmals von dem Juristen Julius Ofner im Jahr 1894 verwendet – eines Tages an den Grundlagen der Demokratie rütteln könnte, weiß man schon lange. Bereits in den Zeiten der hellenistischen Polis, als es um „Gleichheit" und „Demokratie" wie stets auch um Teilnahme und Teilhabe am Gemeinwohl und um patriotische Solidarität ging, erschien das individualistische Wohlstandsstreben mindestens als Ablenkung von der öffentlichen Sache, womöglich gar als kontraproduktives Verhalten in staatstragenden Angelegenheiten. Aristoteles' *Nikomachische Ethik* sieht den kaufmännischen Handel und Wandel, der doch naturgemäß nach Profit und damit Gütervermehrung strebt, generell kritisch, weil er die darin angelegte Gefahr der Maßlosigkeit als den inneren Feind des *ζῷον πολιτικόν* (*zóon politicón*), sprich der gemeinschaftsorientierten menschlichen Wesensart erkennt. Wenn Montesquieus Vision des demokratischen Staats auf der „Bevorzugung des Gemeinwohls vor dem Eigenwohl" fußt und bei den dazu fähigen Bürgern „die politische Tugend der Selbstverleugnung" nebst der „Liebe zur Einfachheit" (1992 I: 53) voraussetzt, schwebt ihm ein solidarisches Ethos der Verantwortung vor, das die karitative Hilfe zwar nicht ausschließt, aber das Wohl des Staats doch stets über das einzelner Bürger stellt. Der geforderte Altruismus ist ausdrücklich keine Angelegenheit der Nächstenliebe, sondern geschieht aus

„Liebe zum Staat“. Dass „alle auch die gleichen Freuden genießen, die gleichen Hoffnungen hegen dürfen [...] ist nur bei einer allgemeinen Anspruchslosigkeit denkbar“. „Je weniger wir unsere Sonderneigungen befriedigen können, um so mehr widmen wir uns den Bestrebungen der Allgemeinheit“. (ebd. 63)

Drei Jahrzehnte vor Einführung der gesetzlichen Kranken-, Unfall- und Rentenversicherung durch den deutschen Reichskanzler Otto von Bismarck schrieb der Pfarrer und Sozialreformer Adolph von Kolping:

> In demselben Maße, als die Bedürfnisse sich vermehren und das Leben kostspieliger wird, jeder viel haben will und haben muß, um in seiner Weise zu existieren, in demselben Maße sinkt der öffentliche Kredit, das große Vertrauen, überschlagen sich die Spekulanten und greift Unredlichkeit und Betrug um sich. (1857: 318)

Hier werden ökonomische und moralische Feststellung zu Warnungen vor dem Zerfall der inneren Solidarität, wie sie ab Mitte des 19. Jahrhunderts mit zunehmender Industrialisierung und sozialer Entwurzelung zu marodieren drohte. Während die Arbeiterlöhne sich in wenigen Jahren verdreifachten, nahm zwar die größte Armut in jener Bevölkerungsschicht etwas ab, doch vervielfachten sich im selben Zeitraum die Gewinne der Unternehmen, so dass die Zermürbung der Arbeitsmoral voranschritt. Bismarcks Umverteilungsmaßnahmen erfolgten weniger aus humanitären als aus innenpolitischen Gründen, weil man den sozialen Frieden im Land durch die sich radikalisierenden Arbeiterbewegungen gefährdet sah. Im Übrigen waren die privatwirtschaftlichen Gewinnmargen so exorbitant, dass man sich eine gewisse Umverteilung – die Arbeitgeber trugen 75 % der Sozialversicherungsbeiträge – ohne größere Einbußen leisten konnte. Hier war Sozialpolitik vor allem Ordnungspolitik, die sich durch das erzwungene Verteilen von Volksvermögen den Anschein gerechter Umverteilung gab und den Bürgern auf diese Weise staatliche Verbindlichkeit suggerierte.

Die Psychologie hinter dieser Politik zeitigt bei aller materiellen Erleichterung destruktive Wirkung seitens der so „Versicherten". Während sich die Gebenden in der Rolle der Schenkenden wähnen (und damit die Herrschaftssymbolik aufrechterhalten), fügen sich die Nehmenden in die Rolle der Bedürftigen und schreiben so ihre Abhängigkeit fort. In ihrem Fall erzeugt oder verstetigt die Wohlfahrtsstaatspolitik eben jene Unmündigkeit, welche die Aufklärung zu überwinden hoffte, indem sie zur Betätigung des „eigenen Verstandes" ermutigte. Gleichzeitig beschönigt die staatliche Intervention die Verhältnisse kapitalistischer Ausbeutung und lädt zu deren Fortsetzung ein. Das Etikett der staatlichen Wohlfahrt suggeriert so dem Arbeiter Verdienste, die er nicht für seine Arbeit, sondern seinen Status erhält, der durch die Treue zum Arbeitgeber, sprich durch seine Übereinkunft mit dem System bestimmt ist.

Hier wird Sozialpolitik nicht als systemisches Korrektiv eingesetzt, sondern dient der Zementierung der Ungleichheit, die wiederum den Wirtschaftsmotor zugunsten der Eliten am Laufen hält. Der Arbeiter ist Teil der Maschine und während man ihm subsidiäre Fürsorge entgegenbringt, sorgt er für reibungslosen Betrieb. Sein früher Verschleiß ist dabei nicht einkalkuliert, aber durch rechtzeitigen Austausch leicht zu beheben. Um die Jahrhundertwende strömten erstmals Massen von Arbeitssuchenden aus Osteuropa nach Deutschland. Sie ergänzten oder ersetzten jene, die in den Bergwerken, Eisenhütten, Walzwerken oder mechanischen Webereien in 60 bis 70 Wochenstunden sich die Seele aus dem Leib schufteten.

Dass mit jener Gesetzgebung unter den damals gegebenen Bedingungen der Staat *nolens volens* seine Schuldigkeit tat, um die soziale Ungleichheit nicht ausufern zu lassen und das Pulverfass Massenproletariat zu entschärfen, darf also bei aller wohltätigen Wirkung nicht über die Versäumnisse und deren Ursachen hinwegtäuschen. Seiner

Pflicht zur Herstellung menschenwürdiger sozialer und materieller Verhältnisse kam dieser damit noch lange nicht nach, wobei das wachsende Arbeitsplatzangebot auf dem industriellen Markt sowohl materiell entlastende als auch massenhaft sozial disruptive Auswirkungen hatte.

Die immensen Auswandererwellen, die zwischen 1820 und 1913 etwa 52 Millionen europäische Migranten vor allem (> 60 %) nach Nordamerika brachten, legen Zeugnis für die soziale Not ab, die in manchen Regionen (etwa im württembergischen Ulm) zu öffentlichen Unterstützungsprogrammen neben staatlich konzessionierten Organisationshilfen für Migrationswillige führte. Im Zeitraum von 1850 bis 1890 wanderten auch Millionen Deutsche in die USA aus, allein ab 1880 waren es jährlich mehr als 120.000 (Höchststand 1882: 250.000), von denen im statistischen Mittel nur rund ein Fünftel wieder zurückkehrte (im europäischen Durchschnitt ein Drittel). Insbesondere Bäcker, Metzger, Schlosser, Zimmerleute, Restaurantwirte, Einzelhändler, Feinmechaniker und Viehwirte zog es auf den nach Westen expandierenden amerikanischen Markt, wo die gut ausgebildeten deutschen Fachkräfte gesucht waren. Unter den Süd- und Osteuropäern waren bezeichnenderweise deutlich mehr Rückkehrer (bis zu 60 %) als unter den Nordeuropäern (< 20 %), die die Lebens- und Arbeitsverhältnisse in den industrialisierten Hochburgen ihrer Heimatländer oder auf dem flachen Land wohl als härter, die Armut als unerträglicher empfanden als das Leben in der „Neuen Welt", wo die Löhne für die Qualifizierten immerhin bis zu 50 % höher lagen.

Signifikant ist auch, dass nach dem Bismarck'schen Sozialversicherungsgesetz von 1886 die Auswanderungswelle zunächst auf hohem Niveau blieb, bevor sie ab 1892 abflachte und sich von 1896 an auf jährlich 30.000 einpendelte. Die Tatsache, dass in den USA, von einigen lokalen, zumeist unterfinanzierten Rentenkassen abgesehen, bis in die 1930er Jahre keinerlei Sozialversicherungsschutz bestand, schreckte offenbar niemand unter den Auswanderwilligen ab, seine Heimat zu verlassen, als dieser dort längst eingeführt war. (Ferenczi 1929: 380 ff.; Hatton, Williamson 1994: 47; Gould 1980: 57).

Nehmen wir das damalige Migrationsverhalten als Indikator für motivatorischen Elan angesichts existenzieller Krisen, wird deutlich, wie gering das Vertrauen in den Staat auch dann noch war, als dieser seine Sozialpolitik revidierte, und wie wenig man sich auf den Staat als Helfer in der Not verließ. Der „Sprung über den Großen Teich" war ein Sprung ins existenziell Ungewisse, der mit großen Hoffnungen verbunden war und für viele den sozialen Aufstieg bedeutete. Der Stolz derer, die es *aus eigener Kraft geschafft* hatten („who made it"), bestimmt bis heute den republikanischen Geist in den Vereinigten Staaten. Damit verbunden war die elementare Freude an der Selbstverwirklichung, die jedwede intrinsische Motivation kennzeichnet.

Dass daraus der Ruf nach Autarkie und einer eher anarchistischen Staatsauffassung entsprang, lässt sich gut nachvollziehen. Noch heute liegen die öffentlichen Ausgaben der Vereinigten Staaten für Soziales weit unter dem europäischen Durchschnitt. Während sie in Frankreich und Deutschland bei gut 35 % des Volkseinkommens liegen, sind es in den USA kaum mehr als 20 %, wobei freilich die nichtöffentlichen, privatwirtschaftlichen Leistungen dort mit über 10 % hinzukommen gegenüber wenigen Prozentpunkten in Deutschland.

Auch in der Schweiz war lange Zeit der private Sektor vor dem staatlichen überwiegend oder ganz für Sozialleistungen zuständig. Anlässlich der zentralen Reform des Rentenversicherungssystems nach dem Plebiszit vom Dezember 1972, als der „Volkspension" eine deutliche Abfuhr erteilt wurde, blieb die private, selbstbestimmte Altersvorsorge ab ihrem Inkrafttreten 1985 das mehrheitliche Anliegen. Keinesfalls sollte der Staat die Annehmlichkeiten einer Altersrente von 60 % des letzten Einkommens, mindestens aber 6000 SFr jährlich mitfinanzieren müssen, was letztlich die Abschaffung auch der privaten Pensionskassen bedeutet hätte. Stattdessen schuf man noch genug Raum für private und privatwirtschaftliche Versicherungsleistungen, ohne die gesetzliche Alters- und Hinterlassenenversicherung (AHV) von 1948 unterzubewerten, die man bei der Gelegenheit verdoppelt und um eine zweite (obligatorische) und dritte „Säule“ als berufliche Vorsorgeleistung aufgestockt hatte.

An der jetzigen Form der Mutterschaftsversicherung in der Schweiz, die 12 Wochen lang 80 % des Verdienstausfalls kompensiert, ist sicherlich bemerkenswert, dass die entsprechende Gesetzesvorlage überhaupt erst 2005 in Kraft trat (ein Vaterschaftsurlaub kam 2019 hinzu), nachdem sie in idealtypisch großzügiger Form 1984 bzw. 2002 mit über 80 % der Volksstimmen zweimal abgelehnt worden war. Während aber diese sozialpolitische Errungenschaft im Vergleich mit anderen Ländern (z.B. DDR 1950, BRD 1952) lediglich um Jahrzehnte verspätet kam, erhielt – ein weiteres Beispiel – das Eidgenössische Volksbegehren „Für ein bedingungsloses Grundeinkommen“ im Juni 2016 vom Bundesrat, dem Parlament und der Stimmbevölkerung mit 77 % Neinstimmen eine bemerkenswert klare Absage. Hier überwogen mehrere Bedenken die Vorzüge einer üppigen Existenzsicherung (bis monatlich 2500 SFr): einerseits die Sorge um die Finanzierbarkeit (Erhöhung der Mehrwertsteuer? Besteuerung der Finanzflüsse? Einsparungen im Sozialsystem?), andererseits Befürchtungen, die Wirtschaft könne in den Bereichen der intensiven Arbeit durch Ausdünnung am Arbeitsmarkt oder Teilzeitarbeit Schaden nehmen.

Auch bei der gesetzlichen Krankenversicherung in der heutigen Form (KVG) war das Stimmvolk zögerlich, und das aus guten Gründen. Als die Vorlage im Jahr 1994 nach zahlreichen erfolglosen Anläufen mit kaum 52 % angenommen wurde, waren bereits 97 % der Schweizer Bürger und Bürgerinnen privat versichert und nutzten das konkurrenzreiche Kassensystem, das sich nicht nur versorgungstechnisch bewährt hatte, sondern auch die Kosten in Grenzen hielt. Bereits 2015 betrugen diese mit 24 Milliarden SFr mehr als das Doppelte gegenüber 11 Milliarden im Jahr der Einführung der KVG. Die Kollek-tivierung hatte sich als *de facto* unnötig und unsinnig erwiesen.

Was wir hier als Beispiele aus der plebiszitär bestimmten Schweizer Sozialpolitik heranziehen, zeigt, dass die Vergesellschaftung von Versorgungsleistungen bei großen Bevölkerungsteilen auf natürliche Widerstände stößt, die ihren Ursprung im Wunsch nach Eigenverantwortung, Selbstbestimmung, weniger Staat und mehr Wahlfreiheit haben. Das Wissen um die Möglichkeit des Missbrauchs, der Behördenträgheit und enormer Administrationskosten mag ein Übriges tun, um den Wunsch nach verwalteter Wohlfahrt zugunsten der Eigeninitiative zurückzudrängen.

Auch in weit größeren Ländern wie den USA bleibt der sozialpolitische Diskurs von der Auseinandersetzung zwischen Etatisten, Libertären und Kommunitaristen in je mehr oder weniger radikaler Anmischung bestimmt. Wo der Libertarismus jegliche staatliche Autorität ablehnt wie in seinen anarchistischen Spielarten – zuletzt z.B. durch David Graeber, den jüngst verstorbenen Anthropologen und Mitbegründer der Occupy-Bewegung –, kann er sich auf kleinere Gesellschaften ohne staatliche Verfassung aus der Kulturgeschichte berufen (Graeber 2022). Kommunitaristen wie Richard David Precht nehmen moderne Industriegesellschaften ins Visier, deren Wohlstand sie mit den Wohlfahrtsleistungen in dem Maß zurückgehen sehen, wie die Eigenverantwortung durch das System unterdrückt wird (Precht 2012: 339ff.).

Die Bewegung hin zu einem „totalen Sozialstaat“ scheint nicht nur deshalb in eine Sackgasse zu führen, weil man sich diesen angesichts der demographischen Veränderungen nicht mehr leisten kann, sondern weil er sich aus Egoismus selbst korrumpiert und freiwillige Solidarität ebenso abschafft, wie er die Selbstverantwortung lähmt. Indolentes Sozialverhalten aber untergräbt die Wurzeln der Demokratie, um deren Existenz wir deshalb mehr fürchten müssen als um unsere Altersversorgung. Wer jahrzehntelang an der Nabelschnur des Staates hängt, wird nie in die Welt der Selbstverwirklichung geboren und kennt kein anderes Ziel als die rücksichtslose Selbstversorgung auf anderer Kosten. Wenn aber jeder in diesem System mehr verbraucht, als er leistet, entsteht eine ökonomische Schieflage, die früher oder später zu dessen Zusammenbruch führt.

Es ist aber nicht nur die mangelnde Perspektive, die Politiker aller Couleur zur Verharmlosung, ja Leugnung der faktischen Lage und zum Trugschluss der perfekten Lösung führt – „Nirvana Fallacy" nannte der amerikanische Ökonom Harold Demsetz (1969) die Bevorzugung der Utopie vor der real verbesserten Wirklichkeit –, sondern der schiere Eigennutz, der sie vor unpopulären Reformen fürchten und das soziale Aushängeschild zur Verdeckung neoliberaler Strukturen hochhalten lässt. Das Volk soll sich in der paternalistischen Staatsumarmung wohl, warm und sicher fühlen. Vor allem soll es die Augen vor der Zukunft schließen. Das erreicht man durch augenblickliche Konsumsättigung, die vergessen macht, dass es die nächsten Wahlen im Besonderen und die Zukunft im Allgemeinen gar nicht gibt. Das erreicht man durch abfedernde Sprachgebung, die über das Ziel der Benennung hinausschießt. Wenn Alte nicht mehr alt, sondern sog. „Best Ager" und Arme nicht mehr arm, sondern „armutsbetroffen" sind, macht sich so mancher falsche Vorstellungen von der Realität. Dazu gehören letztendlich auch falsche Hoffnungen, die den Blick in den Spiegel zum unverhofften Blick in den Abgrund machen.

***

Hat der spanische Humanist Juan Luis Vives (1492-1540) Recht, der am Beginn der Neuzeit einen ersten *contract social* andeutete, welcher an Platons Staatsutopie erinnert? Von ihm beeinflusst, schrieb Montesquieu im *Geist der Gesetze* von 1748:

> Der Staat schuldet allen seinen Einwohnern einen sicheren Lebensunterhalt, Nahrung, geeignete Kleidung und einen Lebensstil, der ihre Gesundheit nicht beeinträchtigt. (1992 I: 112)

Tut er das wirklich? Was, wenn es *den* Staat nicht gibt? Übernimmt dann eine Kommune, eine Verwaltung, eine Polis die Verantwortung für das Wohlergehen des Einzelnen? Was schuldet dieser Einzelne dem Kollektiv? Ist das Verhältnis von Bürger und Gemeinwesen sinnvoll, wenn es nicht auf Gegenseitigkeit beruht? Trägt dieses die Verantwortung auch dann, wenn der Bürger ein Drückeberger ist?

Der demokratische Staat unserer Tage würde diese Frage leider bejahen – und damit seine Verletzlichkeit, um nicht zu sagen Schwäche zeigen. Er würde sie bejahen, weil ihm Sanktionen nicht durchführbar scheinen und er sich Andersdenkende und sozial Schwache nicht zu Feinden machen will. Die scheinbar libertäre Tagesordnung, die er vorgibt, sieht in der politischen und sozialen Verweigerung sogar ein Grundrecht, das im Namen des Individualismus und der Freiheit zu gewähren sei.

Ging Aristoteles einst vom staatstragenden Einzelnen aus, dem die Bürgerpflicht als politische Teilhabe an der Polis ebenso eingeschrieben sei wie sein Sozialverhalten im Allgemeinen, so ist der Bürger der heutigen gesellschaftlichen Praxis allenfalls ein Bewohner des Staatsgebiets, von dem nichts einzufordern ist, nicht einmal seine Beteiligung an demokratischen Abstimmungsprozessen. Es ist, als wolle der Staat gar nichts von ihm wissen – von ihm, der offenbar *alles* von ihm nehmen will. John F. Kennedys berühmter Satz aus seiner Amtseinführungsrede vom Januar 1961 ging an ihm vorbei: „Ask not what your country can do for you – ask what you can do for your country."

Der Staat unserer Tage baut so wenig auf seine Bürger, dass diese sich zwar konformistisch angepasst, aber im Prinzip antidemokratisch verhalten können. Staat und Bürger interagieren nicht, sie wirtschaften jeder für sich. Das politische Bewusstsein des Einzelnen ist an die abgetreten, die sich als „Experten“ der Politik anheischig machen, die Geschäfte des Landes zu führen. Wer erst in eine Partei eintreten muss, um als „politisch“ zu gelten, hat seine Verantwortung abgegeben, bevor er sie wahrnehmen kann. Insbesondere hat er seinen Verstand an den berühmten Nagel gehängt, wo er nichts aus eigener Kraft an- und ausrichten kann. Als William S. Burroughs seinem Ärger über die Scientology-Sekte Luft machte, tat er dies mit Worten, die den Mechanismus der Entmündigung und Entwicklungshemmung auch ganz allgemein auf den Punkt brachten:

> No body of knowledge needs an organizational policy. Organizational policy can only impede the advancement of knowledge. There is a basic incompatibility between any organization and freedom of thought. (1970)

Tatsächlich ist die Parteiendemokratie eine Notlösung, weil sie die Gedankenfreiheit unterdrückt, ohne sich als Zwangsinstrument zu erkennen und insbesondere zuzugeben, dass nicht der Einzelne, sondern die parteiliche Masse die Politik macht. Die Verantwortung ruht so auf Schultern, die diese ihrer Breite wegen gar nicht mehr spüren kann. Politik wird zu einem Stimmenexempel, einem Mitbestimmungspopanz, der von ebenso vielen Fäden geführt scheint, wie es Mitglieder in der Partei gibt. Hinter der Arithmetik der Auszählung tritt die Wirksamkeit des Einzelnen so weit zurück, dass er (oder sie) buchstäblich nicht zu zählen scheint. Auch wenn die Anonymität ein Problem der Massengesellschaft insgesamt ist, so ist doch die Deindividualisierung des politischen Geschehens – dazu gehört mitverursachend der Medienexhibitionismus der politischen Promis – eine Entwicklung, welche die Demokratie als Ganze *ad absurdum* führt.

Während wir von jenem idealen *zóon politicón* erwarten, dass es persönlich mit dem Staat interagiert (und umgekehrt), tritt die Partei als Vertreterin des Einzelnen nicht einmal als Kollektiv, sondern als Proporzgröße auf, die zum Wahlbürger in einem vollkommen anonymen Repräsentationsverhältnis steht. Die Folge ist nicht nur ein Gefühl des Beherrschtwerdens und der individuellen Nichtigkeit – wir summieren beides zu Unrecht als „Staatsverdrossenheit" –, sondern eine infantile Anspruchshaltung, der keinerlei Erkenntlichkeit erwächst.

Soll unter solchen Voraussetzungen der Staat die Obsorge für den Einzelnen übernehmen? Entsteht nicht der Eindruck einer unmotivierten Geschenkausschüttung an alle, die sich der Lächerlichkeit preisgibt? Einer nivellierenden Ruhigstellung durch Zuwendungen, die soziale Konfliktprävention durch Trostgaben leisten sollen und daher keinerlei Dankbarkeit, geschweige denn Verbindlichkeit verdient?

Das sog. „bedingungslose Grundeinkommen" in seinen zahlreichen Varianten ist die im Augenblick meistdiskutierte Notlösung, welche die moralische Enteignung des Bürgers durch Fürsorgedominanz und im Übrigen den Bankrott der umlagebasierten Versicherungssysteme nach dem Ponzi-Prinzip kaschieren soll. Weil dies aber so ist, scheint es unabdingbar, mit dem „Bürgergeld" auch solidarische *Bürgerpflichten* geltend zu machen, ja einzufordern, die dem Einzelnen ein gewisses Maß an Selbsterfahrung und -bestätigung im Rahmen eines Sozialauftrags ermöglichten. Da ein Ethos des Nützlichmachens nicht ohne Weiteres vorauszusetzen ist, müssten solche Pflichten als Beitrag zum Gemeinwesen eingefordert und notfalls durch Sanktionen erzwungen werden. Wer in der *Polis* lebt, muss seinen *politischen* Beitrag in Form von Mitbestimmung *und* Mitarbeit leisten. Da die industrielle Massengesellschaft die Nivellierung und Anonymisierung des Einzelnen zur Folge hatte, indem sie ihm jedes Gefühl für seinen Wert nahm, muss nun auch alles getan werden, dass in der postindustriellen Welt Gesellschaft wieder als Gemeinschaft erfahrbar wird. Möglich ist dies nur, wenn das Gemeinwesen *qua* kommunale Einheit für alle eine *Wert- und Schicksalsgemeinschaft* bildet.

Es darf also nicht dazu kommen, dass das sich abzeichnende Recht auf Nichtarbeit tatsächlich zu lebenslangem Nichtstun führt. Ein variabler Lebensarbeitsplan, wie wir ihn im folgenden Kapitel vorstellen wollen, muss staatlicher- oder noch besser: kommunalerseits auferlegt werden, soll der Bürgerstatus erhalten bleiben. Idealerweise ist er Teil eines neuen bürgerlichen Selbstverständnisses, für das Selbstverwirklichung und soziale Verantwortung kein Widerspruch ist.

Dass „keiner von uns eine Insel ist“, eine Formel des amerikanischen Kommunitarismus, muss so selbstverständlich sein wie das Gesetz zur medizinischen Hilfeleistung im Notfall. Ohne Zusammen*arbeit* kann die freiheitlich demokratische Gesellschaft der Zukunft nicht überleben. Daher kann das Bürger- oder Grundeinkommen nur als *solidarisches* verstanden werden, wenn wir nicht den Zerfall jeglicher Pflichtethik erleben und unmündiges Abhängigkeitsverhalten ermutigen wollen.

6.

Die Abschaffung der Vorkehr

Als weiland Mme. de Pompadour angesichts des Siegs der Preußen über die französischen und reichsdeutschen Armeen den Ausspruch tat: „Après nous le déluge!“ (Nach uns die Sintflut!), mag sie zwar auch die Volatilität neuzeitlicher Waffengänge und die Absurdität des Bruderkriegs beklagt haben. Das sächsische Roßbach, wo Friedrich der Große aufmarschieren ließ, wurde u.a. tausenden Franzosen zum tödlichen Verhängnis, während die Verluste des nur halb so großen preußischen Heeres sechsmal geringer waren. Da Madame jedoch die schlechte Nachricht am Versailler Hof mitten in Festlichkeiten ereilte, kann man verstehen, dass sie 1) bis auf Weiteres nichts davon wissen wollte; und 2) die endgültige Niederlage und der damit erzwungene Frieden warten konnten, bis sie, die Lungenkranke in ihrem fünfunddreißigsten Jahr, das Zeitliche segnen und als mächtigste (ehemalige) Mätresse des Königs in die Geschichtsbücher eingehen würde.

Ihr „Nach uns die Sintflut!“ sollte wohl das Horaz’ sche *carpe diem, quam minimum credula postero* („Schöpfe den Tag aus und gib möglichst wenig auf den folgenden!“) ersetzen, das allerdings von der Hoffnung auf ein (nachapokalyptisches) *happy ending* abrät. Man möge die Frucht pflücken, solange sie reif ist, und sich dem Gang der Dinge überlassen. Denn wieviel „besser ist es, das, was kommt, zu ertragen“ (*ut melius quidquid erit pati*), als sich in Angst vor der Zukunft zu verzehren! Dann lieber noch einmal feiern, solange dazu Zeit ist, bevor die Wogen über einem zusammenschlagen.

Im tiefsten Innern könnte der Siebenjährige Krieg der Marquise allerdings auch zum Exempel geworden sein, dass der erhellende Verstand, dessen man sich neuerdings rühmte, die Vernunft beliebig in den Dienst nahm (*vulgo* hinters Licht führte). Da man sich einen Voltaire am Hof hielt und schon bald von „Aufklärung“ sprechen sollte, schien das Kriegführen jetzt kaum mehr ein notwendiges Übel, sondern vielmehr die Vorhut ultimativer Vernunft zu sein: *ultima ratio regis* ließ besagter Friedrich in fetten Lettern auf seine preußischen Kanonen gießen, die der Prince de Soubise 1757 so verheerend zu spüren bekam.

Dass so ein neues, katastrophisches Zeitalter begänne, könnte also der Kern des Stoßseufzers gewesen sein, in kluger Voraussicht der *Dialektik der Aufklärung*, mit der das Ende aller geschichtsphilosophischen Hoffnungen besiegelt schien. Doch steckt in der Herabrufung des Untergangs auch ein *memento mori*, das eine eschatologische Fortsetzung impliziert. Wer „Sintflut“ sagt, der betrachtet die Zeit *danach* als letzte Chance und als glückliches Ende der Geschichte.

***

Welches ist die größte denkbare Veränderung im Leben eines Menschen? Doch unzweifelhaft der Anfang oder das Ende von etwas. Ob eine Jahreszeit, eine Vegetationsepoche, eine Ära oder einfach nur ein Tag, eine Reise, eine Mittagspause, ein Vergnügen: mit dem Anfang beginnt, mit dem Ende endet ein Zustand, eine Qualität, ein Zeitraum, eine Phase, ein Moment. Und was kommt *danach*?

Handelt es sich um das Ende eines Menschenlebens, geraten wir ins Grübeln. Während wir sonst um Antworten nicht verlegen sind, beginnen nun die neuen, die großen Fragen nach der Entsiegelung, der Bedeutung, eben dem „Danach“. Es sind die Fragen nach dem Sinn, dem Schicksal, der Bestimmung, Fügung oder wie die Begriffe alle heißen.

Als man den Toten noch den Obolus, den Vorgänger der Drachme, unter die Zunge legte, damit sie Charon, den Fährmann über den Styx oder Acheron, bezahlen konnten, schien man sich sicher: das Ende ist der Anfang von etwas

Neuem, auch wenn das unterweltliche Reich des Hades für die meisten keine besonders erfreulichen Aussichten bot. Fast alle archaischen Kulte, die wir kennen, statteten ihre Toten mit Gaben für die Reise aus: Lebensmittel, Schmuck, Gefäße, Waffen, gar Lebensgefährten, Bedienstete, Haustiere mussten manchmal mit ins Grab, lebend oder tot, um dem Verstorbenen zu dienen oder auch nur Gesellschaft zu leisten. Die Mumien aller Welt bezeugen das Ineinander von Anfang und Ende gar in ein und demselben Körper und noch das christliche Auferstehungsfest dreht sich um den „leibhaftig auferstandenen Jesus", der angeblich ein leeres Grab hinterließ.

Kein Ende also, das nicht der Anfang von etwas Neuem wäre. Menschliches Denken bewegt sich in Schleifen, die „Sinn machen"; ja die „Sinnfrage" ist nichts anderes als die Aufhebung des Endes durch einen zu findenden Anfang, beispielsweise in der Inkarnation. Auch wenn „des Rätsels Lösung", also eben dieser *Anfang* nicht sofort erfüllt, was er verspricht, so hilft am Ende doch die Spekulation, die Religion, die Fantasie, jenes Rätsel zu lösen, letztere oft als visionäre „Schau". Für den US-amerikanischen Historiker Elliot Wolfson ist „apokalyptic the revelation of divine mysteries through the agency of visions, dreams, and other paranormal states of consciousness" (1994: 29).

Die „Apokalypse" ist also eine „Enthüllung". Noch im Neugriechischen hat das Wort *αποκάλυψη* die nämliche Bedeutung wie einst, als man die *Offenbarung Jesu Christi* des Johannes von Patmos *ἀποκάλυψις Ἰησοῦ Χριστοῦ* nannte, also die „Enthüllung des Jesus Christus", womit letzterer – *genitivus subjectivus* – nicht als Enthüllter, sondern als Seher und Prophet gemeint war. Was da enthüllt wurde, das eschatologische Erlösungsschauspiel der frühen Christen, war zugleich der Anfang einer Ära oder gar eines Äons, welches kein irdisches Leid mehr kennt: das „Neue Jerusalem" mit seinen zwölf Perlentoren. Der Untergang war also ein Aufgang unter altem Namen.

Wenn das Ende der Anfang ist, ja wenn eines um des anderen willen geschieht, dann ist die apokalyptische Fantasie der Vorwand für eine postapokalyptische Qualitätsutopie. Der dystopische Zusammenbruch verfolgt einen konstruktiven Zweck, der wiederum als Antrieb hinter der Vision steht. Damit wäre der endzeitliche Untergang die Vorausbedingung für eine Totalrevision, ob nun die Welt als Ganzes (als Kosmos, Planet) oder allein die Menschheit untergeht, wie die Millenaristen glauben.

Das Schreckliche als des Idealschönen Anfang? Damit wäre die Apokalypse zwar katastrophisch im griechischen Wortsinn einer „Hinabwendung", aber *in paradisum* am Horizont ist sie *Aufhebung*, sprich: Auflösung und Verwandlung des irdischen Materials. Für die Fantasie der Sterblichen sind solche Idealbilder nur denkbar, wenn an Zerstörung gebunden, weil von körperloser Qualität. Dazu gehört eine gewisse Despektierlichkeit gegenüber der zerfallsbestimmten materiellen Diesseitswelt.

In diesem Sinn geht apokalyptisches Denken mit Umbruchsfantasien einher, die sprachlogisch suggeriert sind. Denn sobald „Ende" und „Anfang" als zwei Seiten einer Medaille aufgefasst werden (und damit als antinomisches Paar), scheinen die damit verbundenen Zustandsgegensätze *Alternativen* zu sein, wenn nicht zeitgleich, dann sukzessive; wenn nicht immanent, dann transzendent.

Hier sieht man, was die Sprache mit der Vorstellung macht. Denn offenbar gibt es echte, polare Antinomien, die in der Tat alternative Zustände bezeichnen wie hell und dunkel, Tag und Nacht, schlafen und wachen – und andere, die das nicht notwendig tun. Wenn etwas nicht mehr hell ist, kann es nur dunkel sein (wenn wir auf Abstufungen verzichten); wenn dagegen etwas nicht mehr weiß ist, muss es nicht automatisch schwarz sein und nicht-heiß bedeutet nicht automatisch kalt.

Offenbar erleben wir aber die Welt als Kontinuum im *Wechsel* von Auf und Ab, Kommen und Gehen, Geburt und Grab, wobei uns der Tod freilich ein Schnippchen schlägt, da ein Leichnam eben ein Leichnam ist, mag er für ein Nachleben geschmückt, für die Palingenese verbrannt oder zum Tierfraß ausgelegt werden. Hier unternehmen wir besondere Anstrengungen, unsere Sinne Lügen zu strafen. Denn so sehr die Verwesung oder Einäscherung unseren Begriff des Todes synästhetisch *versinnlicht*, so wenig kann uns das überzeugen, das Ende auch Ende sein zu lassen, ohne einen Neubeginn zu denken. Eine besonders drastische Form des Totenkults ist die rituelle Verspeisung von Körperteilen Verstorbener, auf die jungsteinzeitliche Knochenrelikte aus Höhlen im britischen Somerset aus der Zeit des Magdalénien (um 15.000 v.u.Z.) hinweisen. Hier lebt der Tote unmittelbar als Energieträger wieder auf und nimmt in Lebenden gewissermaßen Gestalt an, indem er sich buchstäblich „einverleibt".

Nicht erst die protestantisch-pietistische Leidensmystik ging einst sogar so weit, den Tod herbeizuwünschen, um in bessere Welten aufzusteigen. „Durch Leiden zur Herrlichkeit", war der Wahlspruch des Pädagogen Immanuel Kolb Mitte des 19. Jahrhunderts, eine Radikalisierung der römischen Wendungen *per aspera ad astra* („durch Mühsal zu den Sternen") und *post tenebras lux* („aus Dunkelheit zum Licht"). Der Zerfall in all seiner Drastik schien durch den unvergänglichen Seelenschatz mehr als wettgemacht.

Als der 23jährige Georg Büchner auf seinem Sterbebett delirierte: „Wir haben der Schmerzen nicht zu viel, wir haben ihrer zu wenig, denn durch den Schmerz gehen wir zu Gott ein", war es daher nur konsequent, dass er hinzufügte: „Wir sind Tod, Staub, Asche, wie dürften wir klagen?" (Schulz 1837). Auch für den einstigen Atheisten war im Fieberwahn jetzt das Ende der Anfang, und zwar nicht irgendein Ende, sondern eines, das mit den Worten „Tod, Staub, Asche" das Eingehen zu Gott denkbar scharf kontrastiert.

Der dergestalt zum Untergang bestimmte Mensch birgt das Gesetz der Zerstörung als universellen „Masterplan“ in sich; er ist damit gewissermaßen genetischer Teil der Apokalypse, die in dieser Sicht nicht einmal mehr als (individuelles) Endzeitereignis, sondern als Normalität der Vergänglichkeit erscheint.

Wenn wir uns nach der Herkunft von Endzeitfantasien fragen, dann sind diese also einerseits Hochrechnungen aus den Erfahrungen des Körperzerfalls, der von Jugend an als eine Art „Krankheit zum Tode“ zur natürlichen *conditio humana* gehört; andererseits entspringen sie alternativen Daseinsentwürfen, die einer radikalen Veränderung entsprechen, erlangbar nur durch die Zerstörung des Alten und angesiedelt im Diesseits als millenarische Utopie oder im Jenseits als metaphysisches Eschaton.

Mythisches Erzählgut und entsprechend entwickelte Kultformen wird es nicht erst bei nomadisierenden Viehhirten und in den neolithischen Ackerbaukulturen gegeben haben, wie man lange annahm. Auch alt- und neusteinzeitliche Wildbeuter und Sammler, Jäger und Gärtner werden ihre Erzähltraditionen und Rituale gehabt haben (Eliade 1978), genau wie heutige Indigene oder rezente Naturvölker, über die in den vergangenen Jahrhunderten berichtet wurde.

Was pastoralisierende Hirtenvölker, aber auch (nomadisierende) Jäger und Sammler betrifft, so gibt es jedoch einen Unterschied. Sie leben weniger in der Wiederholung der Lebensvollzüge als die Sesshaften, für die eine eintönigere Alltagsroutine in der immergleichen Umgebung mit weniger wechselnden Umweltparametern und Gefahren typisch ist.

So ist der Zeithorizont bei nomadischer Lebensweise naturgemäß weiter als bei Ackerbauern, deren Tage sich gleichen und die daher Zeit kleinteiliger strukturieren als Menschen, welche geographisch zwischen Winter- und Sommerweiden alternieren oder ihre Habitate nach dem Wildbestand verändern.

Wenn wir an die paläolithischen Wanderbewegungen über weite Strecken denken, so müssen wir von Menschen ausgehen, die auf Neues, Anderes mit Anpassungsgeschick reagieren und ein Spektrum von Veränderungen tolerieren, das für Sesshafte ungewöhnlich und furchteinflößend wäre. Ihr Interesse an apokalyptischen Albtraumszenarien wird minimal gewesen sein und jedenfalls von geringem Erklärungswert für ihr mythisches Weltverständnis.

Wenn wir uns an die Resümees aus Ausgrabungen auf der Schwäbischen Alb im Ach- und Lonetal halten, wo man die weltweit ältesten figürlichen Kunstgegenstände und Musikinstrumente des *homo sapiens* gefunden hat, sind die Anfänge von Formen der Kunst wie Gesang, Erzählen, Tanz, Musik nicht erst nach Beginn des Jungpaläolithikums vor ca. 45.000 Jahren anzusetzen. Die Aurignacien-zeitlichen Jäger und Sammler der Höhlen Vogelherd, Geißenklösterle und Hohle Fels waren gemäß der Donaukorridor-Hypothese über das Donautal nach Mitteleuropa eingewandert und dort sesshaft geworden. Der aktuellen Ausgrabungslage nach bildeten sie die kunsthandwerkliche Avantgarde der Spezies und können daher als eine Art Achsenkultur in der kulturellen Evolution des Modernen Menschen betrachtet werden. (Conard, Kind 2017: 168; Leakey 1981: 136f.)

Wo die Ausrichtung auf stabile Subsistenz und Langzeit nicht gegeben ist, kann sich der Seelenhaushalt das Gedankenspiel mit Endzeitpanoramen nicht bei gesunder Geistesverfassung leisten. Psychotische Seelenreisen in spirituelle Welten, wie sie Schamanen und Schamaninnen womöglich seit dem Mittelpaläolithikum über Tiergeist-Identifikationen erleben, gehen zwar durch vegetationszyklische Höhen und Tiefen, doch ist das „Stirb und Werde!“ eine Wiederholungsfigur ohne Anfang und Ende. Wenn alles im periodischen Wechsel *eins* ist; wenn auch die Grenzen zwischen Tier und Mensch, Vergangenheit und Gegenwart fließend sind, ist ein mythologisches Endzeitkonzept nicht sinnvoll.

In einer integrierten Welt der Symbole (Totems), wo das Profane auch das „Heilige“ ist, ist die mentale Wahrnehmung in ein zeiträumliches Kontinuum gebettet. Es herrscht dann in jedem Augenblick eine überzeitliche „Traumzeit“ und das einzelne wie kollektive Bewusstsein steht in transformatorischer Ubiquität (die sich im Übrigen westlichem Begriffsvermögen entzieht).

Der südafrikanische Paläoanthropologe David Lewis-Williams hat den sogenannten „Löwenmenschen“ – die Statuette aus der Stadel-Höhle der Schwäbischen Alb ist 40.000 Jahre alt – als Zeuge solcher schamanischen Bewusstseinstransformationen gedeutet. Wie bei steinzeit-lichen Jägern und Sammlern, ob sesshaft oder nicht, so ist generell bei Nomadisierenden aller Zeiten davon auszu-gehen, dass sie nicht in großen dualistischen Begriffen wie Diesseits und Jenseits dachten und die spirituelle und physikalische Welt als Einheit erlebten. Da die Sorge um das Wohl Kranker, Alter und Sterbender bei unsteter Lebensweise dem Wohl des Clans nachgeordnet war, fand auch die Pflege des Kults nicht überall ortsgebunden, das Totengedächtnis nicht an bestimmten Bestattungsorten und die kultischen Vollzüge insgesamt nicht in ähnlicher Wiederholungsfrequenz statt wie in den naturgemäß ortsfesten Ackerbaukulturen.

Wo dagegen das Leben prekär, die Zukunft täglich offen ist, das nächste Quartier unbekannt, die Abhängigkeit von Klima und Habitat größer, ist auch die geistige Beschäftigung mit Fantasiewelten nicht ausgerechnet auf eine mythische Endzeit und eschatologische Erlösungsnarrative gerichtet.

Da die Sorge in diesem Fall dem Augenblick, dem nächsten Tag oder Jahr, der Sicherheit von Hirte und Herde gilt, sind Untergangsperspektiven so wenig opportun wie Transformationen in neue Welten und Zustände. Hier werden vielleicht mythische Jagdgründe, aber keine Apokalypsen das Thema der abendlichen Erzählungen gewesen sein.

Dystopische Fantasien gedeihen vielmehr dort, wo die Lebensspielräume üppiger sind und angstbesetzte Verrichtungen wie z.B. das Bewältigen schwieriger Wege oder das Jagen nicht zum täglichen Überleben gehören. Daher sind eklatant gegenweltliche und disruptive Phantasmagorien eher in sesshaften Kulturen zu erwarten, zumal diese in häufigen Krisen und Kriegen um ihren Bestand fürchteten und zuweilen ganze Siedlungsanlagen, Städte, ja Landstriche verwüstet sahen.

Wenn ganze Gemeinwesen in eine Bedrohungslage geraten, scheinen persönliche Schutzreflexe absurd oder jedenfalls unzureichend. Mit dem Gefühl der Ohnmacht nehmen die irrationalen Ängste und insgesamt die Fantasietätigkeit zu. Das Warten auf kollektive, organisierte Abwehr entkoppelt die Angst von der unmittelbaren Reaktion und stellt sie in den Dienst organisierter Verteidigung. Der dadurch wachsende Affektstau erzeugt Untergangsängste und, damit verbunden, Narrative von Schuld und Sühne, die jedes wahrscheinliche Maß überschreiten können.

Die Konzentration zu größeren Siedlungsanlagen und den ersten Städten tat ein Übriges, um das soziale Leben unter neue Bedingungen zu stellen und die Zwänge der Zivilisation geltend zu machen. Moralische Ansprüche wuchsen im selben Maß, wie sie verletzbar und ewig unerfüllt blieben, ja pervertiert wurden. Ihr Scheitern führte zu Gerechtigkeitsforderungen, die nach Genugtuung verlangten. Ideale entstanden, die eine andere, „bessere Welt“ voraussetzten, eine Welt, die *nicht* im Hier und Jetzt, die *nirgendwo* war. Utopia entstand als dialektische Gegenwelt oder politisches Programm, das Missstände zementierte, indem es deren Behebung in die Zukunft verschob.

Die Kulturen wurden jetzt mehr und mehr von staatlichen Ordnungssystemen, Arbeitsteilung bzw. Spezialisierung und Kommunikation bestimmt. Öffentliche Angelegenheiten überwogen die privaten und massierten sich zu Faktoren, die das eigene, das familiale Wohl anonymisierten. Aus der einstigen Gruppe wurde nun ein Kollektiv, aus der Selbstversorgung Wirtschaft, aus der Ahnenverehrung Religion und Kult.

Wenn früher das Familienoberhaupt oder das erfahrenste Clanmitglied das Schicksal der Gruppe bestimmte, so war es jetzt ein Machtfunktionär. Das eigene Leben schien durch fremdbestimmte Lebensvollzüge ersetzbar. Das paradigmatisch Konkrete ging mehr und mehr im Abstrakten auf oder verlor sich darin. Die Gedanken-welt weitete sich in dem Maß, wie sie über die Vollzüge und Dinge des Alltags hinausging und vor allem die Belange des Einzelmenschen überschritt. Nicht nur wurde jetzt das Denken anderen überlassen und normierte sich zu dem, was andere dachten, sondern auch das Gefühlsleben, die emotionale Vitalsphäre *ent*-eignete sich zu einem Abklatsch anderer.

An der Norm gemessen, konnte sich indessen kein Gefühl, kein Gedanke mehr „richtig" anfühlen. Weltfremde Einordnungssysteme ergriffen umso mehr von einem Besitz, je „weltfremder" sich das Individuum darin empfand. Peter Sloterdijk bringt es auf den Punkt:

> In neolithischer Zeit setzte die Selbstumzingelung des Menschen ein, der sich zum Standhalten auf einem nunmehr heiligen und verfluchten Boden gezwungen sieht; in dem Maß, wie menschliches Leben „bodenständig" wird, gerät es unter den Terror einer neuen Logik; die Besessenheit durch Begriffe der Genealogie, der Verwandtschaft und des Eigentums nimmt überhand; von hier an gleicht die Ideengeschichte der Menschheit über weite Strecken einem Inventar von Besessenheitssystemen. (2011: 51)

***

So etablierten sich seit dem Neolithikum zwei Erscheinungen nebeneinander und traten in unversöhnlichen Gegensatz: das auf sich selbst gestellte Individuum einerseits als Gruppeneinzelner ohne Gruppe – und der verwaltete Bürger andererseits als ununterscheidbarer Teil der Masse. Die Anforderungen an die Sprache wuchsen und bildeten bald mnemotechnisch aufwendige Traditionen der oralen Überlieferung und schließlich die ersten komplexen Texte und Schriften heraus. Da die abstrakt-gesellschaftlichen Belange sich vor private schoben, hing die öffentliche Rolle auch von der rechten Handhabung der Sprachregelung ab. Begriffe gewannen an Bedeutung, die zur Einordnung des Geschehens in Wirtschaft, Politik und Rechtsprechung dienten. Mit der normierenden Versachlichung im Sprechen und Denken traten persönliche emotionale Register in den Hintergrund und trugen zur einer „Abkühlung" der Subjektivität bei. Aus Menschen wurden objektive Personen, die sich selbst fremd wurden, weil sie lernten, sich mit fremden Augen zu sehen und von der Masse möglichst wenig zu unterscheiden.

Was im Stadtleben auf diese Weise an subjektiver Vitalität verloren ging, erschien durch kulturelle Errungenschaften insgesamt, insbesondere durch ein höheres Maß an Sicherheit und Lebensplanung wettgemacht. Geregelte Ernährung und organisierte Hilfe, etwa in der Kranken- und Altenpflege oder bei der Geburt und Kinderfürsorge, trugen zum schnelleren Wachstum der Bevölkerung bei – zur Zeitenwende lebten dann bereits etwa 300 Millionen Menschen auf der Erde, dreißigmal mehr als 400 Generationen davor.

Leben in dichten Besiedlungsstrukturen geht mit sozialem Stress und Zwängen einher, die das in Jahrtausenden gewachsene nomadische Bewusstsein, insbesondere die Selbstverantwortung, herausfordern. Je nach Populationsdichte führt die soziale Enge zu Freiheitsverzicht, Unterordnung und erhöhter Anpassung. Mit der Herausbildung von Individualismus kommen auf der anderen Seite neue Konfliktstoffe ins Spiel, die Egoismus und Gemeinsinn in Opposition bringen.

Tausch- und (weit später) Geldwirtschaft machen das Leben nicht nur komplizierter, sondern koppeln auch viele Alltagsvollzüge von der persönlichen Initiative, Motivation und Fähigkeit ab. Fremdsteuerung wird auf die Dauer als Entmündigung empfunden, wenn autoritäre Herrschaftssysteme die individuelle Teilhabe am sozialen und wirtschaftlichen Ganzen verhindern. Jede Form der Regulierung führt zur Minderung des persönlichen Wirksamkeits- und Selbstwertgefühls und damit auch zur Verringerung der kreativen Lern- und Anpassungsleistung. Zählt Anpassung vor Leistung, Normerfüllung vor Kreativität, verschwinden intrinsische Antriebe zugunsten von Willfährigkeit und Opportunismus.

Wenn Norbert Elias im *Prozess der Zivilisation* eine Zunahme der Lebensangst ausmacht, dann sind Faktoren wie die beschriebenen dafür verantwortlich. Sie bedingen sozialpsychologische Moventien des Untergangs, die wir unter dem Begriff Zivilisationsmüdigkeit subsummieren können.

Die Redundanz und Monotonie der Lebensvollzüge in Ackerbaugesellschaften, die naturgemäß sesshaft sind, erhöhen zwar auf der einen Seite die faktische Lebenssicherheit, auf der anderen Seite aber schreiben sie die Rolle des Einzelnen zur Komparsenrolle um und bringen neben Verlust- auch Versagerängste mit sich. Die damit verringerte Erfahrung des eigenen Vermögens bewirkt Irritationen, die sich in Überempfindlichkeit oder Apathie äußern können. Mit der Trennung in private und öffentliche Angelegenheiten entstehen Loyalitätskonflikte. Unterschiedliche Verhaltens- und Sittencodizes tragen neben der Arbeits- und Ämterspezialisierung auch zur hierarchischen Gesellschaftsschichtung bei.

Auf solchem Grund wachsen neben Strukturen der Abhängigkeit auch antisoziale und misanthropische Potenziale, die dort Reformen einfordern, wo neben ungleicher Güter- und Arbeitsverteilung Bedürfnisunterdrückung und staatliche Einflussnahme vorherrschend sind. Mehr und mehr mischen sich aggressive Befreiungsfantasien ins (kollektive) Unbewusste, die sowohl Straf- als auch Wunschfantasien hervorbringen.

Veränderungsvisionen sind unter solchen Umständen ambivalent und können sowohl utopische Wunsch- als auch dystopische Albträume erzeugen, manchmal auch beides. Mit der Rationalisierung der Lebensvollzüge wächst insgesamt das Irrationale, was sich unter anderem in der wachsenden Bedeutung der Kulte und der Strenge der Gesetze äußert. Die Religionswissenschaftlerin Karen Armstrong schreibt über die neolithischen Stadtbürger und ihre Mythen erhellend:

> Zivilisation wurde als großartig, aber anfällig erlebt. [...] Es gab Kriege, Massaker, Revolutionen und Deportationen. Nach jeder Zerstörung musste die so schmerzlich errungene Kultur wieder neu aufgebaut werden. Ständig herrschte Angst, dass das Leben in die alte Barbarei zurückfallen könnte. Die neuen urbanen Mythen behandelten den endlosen Kampf zwischen Ordnung und Chaos mit einer Mischung aus Furcht und Hoffnung. [...] Die Erhaltung der Kultur schien einen heldenhaften Kampf gegen willkürliche zerstörerische Naturgewalten zu erfordern. Diese Ängste traten besonders in den Flutmythen zutage. Die Flüsse in Mesopotamien neigten dazu, plötzlich ihren Lauf zu ändern, weil sie nicht auf natürliche Hindernisse stießen, daher gab es häufig verheerende Überschwemmungen. (2007: 58ff.)

Zieht man die Summe aus solchen Überlegungen, so ist es kaum verwunderlich, dass Vorstufen mythisch-religiöser Eschatologien und Messianismen in die Zeit deutlich nach dem Mesolithikum zurückführen. Sie weisen damit in die späteren Jahrtausende der Ackerbau- und Viehzucht-Ära, lange nachdem mit dem Rückgang der Inlandvereisung und dem Anstieg des Meeresspiegels (um bis zu 130 Meter!) das geomorphologische Gesicht der Erde sich gewandelt und das Klima sich kontinuierlich erwärmt hatte, wenn man von einer Periode der „kleinen Eiszeit“ etwa ab 6000 v.u.Z. absieht.

Wenn wir den Anbruch der „neolithischen Revolution“ (Gordon Childe) im Vorderen Orient zwischen 12.000 und 6000 v.u.Z. ansetzen, um 6000 v.u.Z. in Mitteleuropa und China sowie um 3000 v.u.Z. in Mittelamerika, fällt diese in die fernen Nachwehen jener katastrophischen Veränderungen durch Meeresspiegelanstieg, Schmelzwasserfluten, den Wandel von Fauna und Flora, die Stagnation des Golfstroms usw. In jener Zeit verwandelten sich die asiatischen Tundra- und Steppenlandschaften in Wälder, das Großwild wanderte an die nördlichen Gletscherränder ab, das Nahrungsangebot in den mittleren und südlichen Breiten der Nordhalbkugel verminderte sich, im Süden begrünte sich die Sahara und im Fruchtbaren Halbmond, dem Gebiet des heutigen Irak mit Anatolien, entstanden ideale Bedingungen für den Ackerbau.

***

In Anbetracht jener weltweiten Umbruchsituation scheint es nun naheliegend, dass die Mythen der frühen Ackerbaukulturen Reminiszenzen an jene Übergänge am Ende der Eiszeit enthielten, als die paläolithischen Jägergesellschaften noch weltweit kaum zehn Millionen Menschen umfassten. Da die elementar-wilde und gefahrvolle Natur der Eiszeit bei sesshafter Lebensweise in vielen Regionen in Vergessenheit geriet, traten Ursprungsmythologien, Ahnenglaube und totemistischer Symbolismus in Konkurrenz zu kosmischen Gottheiten, welche die zyklische Naturordnung abbildeten, verehrt in unzähligen Toten- und Fruchtbarkeitskulten und zumeist verbunden mit Opferritualen. Mit der Vieh- und Ackerbauwirtschaft war die wichtigste Lebensgrundlage zwar gesichert, aber das Zusammenspiel mit dem Kosmos und damit der Schutz der Götter umso wichtiger, als schon kleine Änderungen im Jahreszyklus, etwa das Ausbleiben von Regen, zu Katastrophen führten konnten oder in Jahrhunderten aufgebaute Siedlungsstrukturen zur Eroberung reizten.

Archaische (oft therio- oder therianthropomorphe) und neusteinzeitliche (oft anthropomorphe) Götter bildeten somit ein vielfältiges und spannungsreiches Pantheon. Polytheistische Religionen waren offen für Synkretismen und koexistierten überwiegend konfliktfrei. Sie gerieten mancherorts unter den Konkurrenzdruck monotheistischer Glaubensvorstellungen, die doch ihrerseits an viele ihrer Götterbilder und Denkmuster anknüpften. Das gilt in besonderer Weise für ihre apokalyptischen Szenarien, die insgesamt eine geistige Welt widerspiegelten, die einen lebensphilosophischen Pessimismus praktizierte und einen eschatologischen Optimismus als Gegenentwurf wortreich in Szene setzte.

Mit der Herausbildung dualistischer Weltbilder, die von Seelenwanderung oder einer unsterblichen Seele sprachen, kam nicht nur eine neue Form individualisierter Spiritualität ins Spiel, sondern auch eine andere Art der Leidensbewältigung und Lebensplanung, die das Materielle geringschätzte. Nicht erst mit der antiken Gnosis schlug die Stunde der Weltverachtung, des Asketismus und der organisierten Priesterschaft, welche das individuelle Seelenheil mit den Göttern aushandelte. Dass die Menschen dabei stets in deren Schuld standen, war dem chronischen Ungenügen geschuldet, welches das verschwindende Individuum in der Gesellschaft und erst recht im Kosmos empfand, sobald es sich über idealistische Fremdmaßstäbe dazu ins Verhältnis setzte. Von da an war es nur eine Frage der Zeit, bis das Ungenügen sich vom Einzelnen weg auf die weltlichen und kosmischen Mächte richtete und für „prometheischen" Zündstoff sorgte.

Bevor es jedoch an ihnen, den Göttern, war, die Opferschuld zu mindern, zu erlassen oder gar selbst zu übernehmen – das „Erlösungsopfer Jesu" beschließt für seine Anhänger diesen Prozess –, konnte das Leiden am Mangel durch eine allgemeine Metaphysik der Schuld legitimiert, ja fatalistisch schöngedeutet werden. Augustinus von Hippo machte das *peccatum originale* gar zum *peccatum heredita-*

rium, zur „Erbsünde" und „löste mit seiner verschärften Sünden-Doktrin eine Verdüsterung aus, von der sich die westliche Welt bis zum heutigen Tag nur zögernd erholt" – Peter Sloterdijk spricht in diesem Zusammenhang von „einem Entfremdungsdrama zwischen Mensch und Gott […], bei dem die Rolle des böse lachenden Dritten dem Satan zufiel" (2014: 12).

Die Beklemmungen der Zivilisation, die mit wachsender Verdichtung einen immer engeren Zeit- und Verhaltensrahmen um das Leben des Einzelnen (der sich jetzt als *Ein*zelner überhaupt erst wahrnahm) spannte, waren aber lange davor schon in Akzeptanzmuster gemündet, die soziale und spirituelle Kontrollmaßnahmen bis zum Terror ermöglichten.

Ordnung und Gesetz in der Hand Mächtiger waren Gründe genug für den Miserabilismus, wie er sich in zerknirschter Kontemplation und Durchhalteparolen niederschlug. So unentbehrlich „Seelenarbeit" in dieser Lage war, so sehr führte die Verinnerlichung zu einer in der Menschheitsgeschichte völlig neuen Ich-Bestimmung, die *persönliches* Leiden gegen *persönliches* Seelenheil aufwog. Oswald Spengler schrieb über die orientalische Kultur der Zeitenwende:

> Es gehört zu den letzten Geheimnissen des Menschentums und des freibeweglichen Lebens überhaupt, daß die Geburt des Ich und der Weltangst ein und dasselbe sind. Daß sich vor einem Mikrokosmos ein Makrokosmos auftut, weit, übermächtig, ein Abgrund von fremdem lichtüberstrahlten Sein und Treiben, das läßt das kleine, einsame Selbst scheu in sich zurückweichen. Eine Angst vor dem eigenen Wachsein, wie sie Kinder zuweilen überfällt, lernt kein Erwachsener in den schwärzesten Stunden seines Lebens wieder kennen. Diese Todesangst lag auch über dem Anbruch der neuen Kultur. In dieser Morgenfrühe magischen Weltbewußtseins, das verzagt, ungewiß über sich selbst war, fiel ein neuer Blick auf das nahe Ende der Welt.

> […] Ein Schauer von Offenbarungen, Wundern, letzten Einblicken in den Urgrund der Dinge überfiel jedes tiefere Gemüt. Man dachte, man lebte nur noch in apokalyptischen Bildern. (2011[1923]: 815f.)

Noch heute in Indien viel diskutiert ist das Verhältnis von *ātman* („Individualseele", „Atem") und *brahman* („Weltenseele"). Beides zusammen fügt den Menschenverstand in eine existenzielle Klammer, die Spannung erzeugt und dem Geist eine *innere* Synthese abverlangt. Die großen philosophischen Systeme in Indien unterscheiden sich grundsätzlich in „dvaita" („Zweiheit", „Dualität"; danach sind *ātman* und *brahman* ewig getrennt) und „advaita" („Nicht-Dualität" bzw. Monismus; Wesensidentität von *ātman* und *brahman*).

Apokalypsen und Messianismen dagegen sind Glaubensgebilde, die das Heil, die Erlösung, das Paradies, das ewige Leben, den Triumph des Guten, die absolute Gerechtigkeit in die Zukunft bzw. in eine *vita nova* diesseits oder jenseits der materiellen Grenzen projizieren. Mit ihrer Eigenschaft der Vertröstung auf ein „Später" oder „Danach", der Belohnung für Armut, Askese und Unter-drückung, der Honorierung guter Taten und frommer Lebensweise dienen sie als psychologische Aushaltestrategien. Darüber hinaus aber sind sie großangelegte Manöver der Ablenkung von akutem Veränderungsbedarf und Strukturwandel, wie ihn Politik und Wirtschaft nicht umzusetzen vermochten oder dazu bereit waren. In dieser Eigenschaft stellten sie also Ventile für gesellschaftliche Überdruckverhältnisse dar und waren solange willkommen, wie sie als solche auch funktionierten. Der theatralisch-kathartische Effekt, den sie damit hatten, machte sie zu einem Element der menschlichen Komödie, jener *comédie humaine* des französischen Romanciers Honoré de Balzac, welche die *conditio humana* relativierte.

Wenn Reibungskonflikte für soziale Überhitzung sorgen, wachsen neben den Ängsten auch Zerstörungsfantasien, die das Neue nicht ohne die Vernichtung des Alten entstehen sehen. Dieser Vorstellung liegt ein Naturmodell zugrunde, wie es der Erfahrung mit verheerenden Überschwemmungen und Buschbränden entspringt. Während allerdings die regelmäßigen Hochwasser beispielsweise in Ägypten für die Fruchtbarkeit der Nil-Auen unerlässlich waren, bedeuteten die Flutkatastrophen in Mesopotamien oft Untergang und Verderben, ähnlich wie heute im Gangesdelta in Bangladesh.

Die Radikalität der heilsgeschichtlichen Katastrophenszenarien wird hier nur übertroffen von jener der eschatologischen Dramaturgie: Indiz dafür, dass allem Geschehen auf der Erde ein göttlicher Heilsplan zugrundegelegt wurde, auch wenn es die Menschen waren, die den Zorn der Götter und deren Strafaktionen herabriefen. Nach Sloterdijk ist es plausibel,

> [...] wenn die Erlösungsidee zuerst die Städter anspricht, während das bäuerliche Land es seit jeher mit dem Wiedergeburtsglauben hält. Seit Städte und Staaten für viele zum unübersteigbaren Horizont des Lebens geworden sind, läßt sich ein Interesse von Menschen an dem nachweisen, was die Religionsgeschichte unter den Begriffen metakosmische Metaphysik oder apokalyptisches Denken kennt; damit sinnverwandt sind die ineinander übergehenden Phänomene Erlösungsreligion und Nihilismus. Erst unter dem „Terror der Geschichte" beginnen Vorstellungen von einer Aufhebung des Weltzustandes überhaupt für radikale Gemüter attraktiv zu werden; ein neuer Typus von weltfremden, weltflüchtigen, weltüberfliegenden Menschen tritt auf den Plan. Sie denken mit einem Mal über große Negationen und Umwandlungen aller Dinge nach; eine unbekannte Leidenschaft für das Nichtseiende, Andere, Jenseitige und Weltferne ergreift von diesen Pioniergruppen der Geschichte Besitz. Nun werden Erlösung, Befreiung, Erleuchtung zu den Leitwörtern revolutionär neuer überkosmischer und antikosmischer Orientierun-

> gen. Wie anders wäre es möglich, daß der von Apokalyptikern erwartete Weltbrand die Abschaffung des Gesamtverhängnisses Welt für die nächste Zukunft mit fiebriger Erwartung in Aussicht stellen durfte? (2011: 54)

***

Ein Topos in den Mythologien des Vorderen Orients war so einerseits der göttliche Zorn auf die (wachsende, lärmende, sündige) Menschheit und damit verbunden die Reue über deren Erschaffung, andererseits das Festhalten am Menschen an sich, der die Chance eines zweiten Versuchs erhält. Im ältesten mesopotamischen Flutethos *Atrahasis* – der Name bezeichnet den „Weisesten der Weisen“ –, wurde zwar die Menschheit bis auf die Familie des Weisen dezimiert, aber an der Idee des Menschen festgehalten (allerdings waren die Götter hierüber nicht einer Meinung).

Wie Noach im Sintflutmythos des ca. 1000 Jahre jüngeren *Bereschit* (1. Buch Mose), welches die über das Gilgamesch-Epos vermittelte Geschichte mit Arche, Flut, Bergstrandung und Taube übernahm, wird Atrahasis rechtzeitig befohlen, ein Schiff zu bauen und sich und die Seinen zu retten. Anders als Noach jedoch, dem der Regenbogen hinfort den Bund mit Jahwe bezeugte, der im Übrigen versprach keine weitere Flut zu schicken, erlangte Atrahasis Unsterblichkeit und das Privileg im paradiesischen Dilmun nahe den Göttern zu leben.

Während im vorderasiatischen Raum mit dem Zoroastrismus im 1. Jahrtausend v.u.Z. erstmals visionäre Endzeit- bzw. Erneuerungspanoramen mit einer optimistischen Eschatologie entstehen, die dann im zweiten Jahrhundert v.d.Z. in die jüdische Apokalyptik mit ihrer Vision eines weltweiten Königreichs Israel, schließlich in die christliche Eschatologie mit personalisierten Heilserwartungen münden, suchen wir in der übrigen Welt vergeblich nach vergleichbaren Vorstellungen von einem transitorischen Ende (des Bösen, der Drangsal, des Leidens, der irdischen Existenz insgesamt).

Die Apokalypse der auf indogermanischen Mythen fußenden *Völuspá*-Dichtung, wie sie uns am Anfang der Lieder-*Edda* überliefert ist, dürfte vom Geist des Millenarismus um 1000 n.u.Z. stark beeinflusst worden sein und also kaum auf eine früh- oder gar vorgeschichtliche Apokalyptik in Nordeuropa hinweisen. Eine christliche „Eschatologisierung" jener Mythen scheint mit dem Topos des „Goldenen Zeitalters" unübersehbar, führt doch der Untergang der alten zu einer radikal anderen, neuen Welt, nachdem eine kosmologische Katastrophe, eben die Götterdämmerung im Endkampf *Ragnarøk*, vorausgegangen war.

Die griechische Antike brachte frühestens mit dem Sophismus im 5. Jahrhundert v.u.Z. utopische Entwürfe hervor und erst in den 70er Jahren des 4. Jahrhunderts v.u.Z. erschien mit Platons *Πολιτεία* („Der Staat") die erste vollständig erhaltene Utopie. Apokalyptische Vorstellungen tauchten hier zwar bereits in Ansätzen (i.e. Szenarien der Höllenfahrt und Bestrafung der Seele im Hades) auf, doch solchen mit ausgeprägt eschatologischen und soteriologischen Perspektiven und Erlösergestalten wie dem *Θειός ανέρ* bzw. *θειός άνθροπος* („Gottmensch") begegnen wir nicht vor der Krise der hellenistischen Gesellschaft knapp 200 Jahre später.

Eine gewisse Sonderrolle spielt der Orpheus-Mythos, der seit dem 6. Jahrhundert v.u.Z. dokumentiert ist, aber wohl auf vorhomerische Zeit zurückgeht. Hier waren klar eschatologische Strukturen am Werk, welche die Orphik schon bald zu einer religiösen Massenbewegung machten. Als Initiationskult mit Vorstellungen von letztem Gericht und sogar Höllenstrafen enthielt sie sowohl soteriologische als auch apokalyptische Elemente, die hier näher zu untersuchen sind.

Blicken wir nach Süd- und Ostasien, finden wir die Vorstellung zyklischer Weltzeitalter. Der Hinduismus kennt das *Kali-Yuga*, in dem wir uns derzeit befinden – laut Monier-Williams' *Sanskrit-English Dictionary* (1899):

> N[ame] of the last and worst of the four Yugas or ages, the present age, age of vice [...] (the Kali age contains, inclusive of the two dawns, 1200 years of the gods or 432,000 years of men, and begins the eighteenth of February, 3102 B.C.); at the end of this Yuga the world is to be destroyed; kali – strife, discord, quarrel, contention.

Auch im Buddhismus bezeichnet das *Kali-Yuga* ein „eisernes", „schwarzes" Zeitalter des Niedergangs. In den epischen Mythen begegnen uns zwar ebenfalls apokalyptische Szenarien kosmischer Kämpfe und Schlachten, doch sind diese Teil eines periodischen Geschehens und keine ἔσχατα, keine „letzten Dinge" im Sinne einer Endzeitvorstellung mit heilsgeschichtlichem Neubeginn.

Endzeitliche Theatralik kann man zwar auch Szenarien wie etwa der *Bhagavadgītā*, dem „Gesang des Erhabenen" (Krishna-Vishnu) aus dem altindischen Epos *Mahābhārata*, „die große Geschichte der Bharatas", nicht absprechen, zumal diese in zehntausenden Versen überliefert sind, also monumentale ästhetische Bearbeitungen zur Rezitation darstellen; sie sind indes mythologische Götterschauspiele von scheinbar *un*menschlicher Eigengesetzlichkeit, während sie menschliches Treiben aus *außermenschlicher* Sicht widerspiegeln. Eine heilsgeschichtliche Perspektive haben sie nicht, da sie sich im demiurgischen Göttergeschehen letztlich erfüllen und keine Erlösung von der *conditio humana* anstreben.

Was den vielzitierten Maya-Kalender betrifft, so spielt er in diesem Zusammenhang keine Rolle, einfach deshalb, weil auch er, ähnlich wie die *Völuspá*-Dichtung, gewissermaßen „nachgearbeitet", sprich *post festum* christianisiert und damit eschatologisiert wurde. Die vorhergesagten Weltuntergänge reihen sich somit ein in den christlichen Millenarismus, der über die Jahrtausende trotz zahlreicher Versuche keine Trefferquote landete. Der letzte spektakuläre Weltuntergang des manipulierten „Maya-Kalenders“ ereignete sich am 21.12.2012, vermutlich der göttlichen Schwäche für Zahlensymmetrie wegen. Da auch der 21.06.2020 ohne kosmische Intervention blieb, dürfen wir auf weitere Apokalypsen gespannt sein.

Im Übrigen haben wir Grund, auf gewisse „völkerpsychologische“ (Wundt) Sachverhalte Rücksicht zu nehmen, auch wenn sie noch so abstrus sind. Seit Jahrtausenden bringen Menschen zahlreicher Kulturkreise Fantasien hervor, die das Welt- oder Zeitende ausmalen. In gewisser Weise entsprechen diese durchaus wissenschaftlichen Aussagen. Wir bestehen alle aus Sternenstaub, aus vormals explodierten Sonnen. Auch unsere Sonne wird einst die Erde zerstören. Daraus werden neue Sonnen und Welten entstehen. Ob (germanisch) Ragnarök, (palästinisch) Harmagedon oder (indisch) Kurukshetra: zahlreiche Zivilisationen vor allem der Hochkulturen scheinen von der Vorstellung besessen (oder beseelt), das Ende durch kosmische Gewalt stehe bevor, sei es aus Zorn der Götter über die Menschen, sei es nach einem kosmologischen oder eschatologischen Masterplan, sei es aus purer demiurgischer Zerstörungslust im Zwist der Dämonen, sei es aus regenerativer Notwendigkeit im zyklischen Erneuerungstakt.

Was spiegelt sich in all den Götterdämmerungen, Gigantomachien, Weltuntergängen und Weltgerichten wider? Verarbeiten sie politische Drangsal, Naturgewalten, Todesangst oder Todessehnsucht? Sind sie Ausdruck kollektiver Schuld, Zivilisationsmüdigkeit, Rachefantasien: ein Mix aus Obrigkeits- und Selbsthass, Dämonisierung, Untergangslust und Trauer? Oder sind enttäuschte Utopien am Werk, die in apokalyptische Dystopien umschlagen, welche wiederum in Utopien münden?

Den Religionswissenschaftler und Ethnologen interessieren die dahinterstehenden Glaubensvorstellungen und Kulte nebst den realen Lebensvollzügen; den Psychoanalytiker die indirekten Botschaften des kollektiven Unbewussten; den Kulturwissenschaftler die soziale und geistige

Verfasstheit der jeweiligen Kultur; den Historiker die geschichtlichen Parameter der *conditio humana* und den Naturwissenschaftler der Spiegel dessen, was er inzwischen über die Zusammenhänge des „Alls" verstanden hat.

Aus philosophischer und sozialpsychologischer Sicht stellt sich heute mehr denn je die Frage, ob uns die „realen Apokalypsen" der Atomkriegs- und Klimaszenarien als Wirklichkeiten bewegen – oder doch eher als Mythen, die wir gebannt, aber ungerührt hinnehmen, vielleicht, weil es „nur" Mythen sind, vielleicht, weil menschengemachte Katastrophen nun einmal nicht das Ausmaß kosmischer Apokalypsen annehmen *können*; vielleicht auch – und hier wären wir ja dicht an der Wahrheit – weil sich dabei nichts anderes *offenbarte* als die menschliche Kurzsichtigkeit, gepaart mit Fatalismus. Wäre es so, würde das unsere „Apokalypse-Blindheit" (Günther Anders) erklären helfen.

Denn unübersehbar entbehren all jene Weltuntergangsszenarien, in denen wir uns gruselselig und jedenfalls *ungläubig* ergehen, einer eschatologischen Perspektive. Sie beschreiben das Ende ohne Fortsetzung und erlauben daher keinen Ausblick auf einen Horizont jenseits der Misere. Wenn wir aber auf eine Welt blicken, die am Abgrund steht; wenn uns selbst die Flucht nach vorn verwehrt ist, verharren wir in Schockstarre oder ziehen es vor, an technische Wunder zu glauben, die uns das Leben auf Exoplaneten hinreichend attraktiv erscheinen lassen. Man könnte das säkulare Metaphysik nennen, was doch nur ein Theater der Ausflucht ist und unseren Miserabilismus verstärkt. Wer sich auf Sirius oder Mars ein Leben vorstellen kann, denkt an sein eigenes Weiterleben, aber nicht an die sozialen Voraussetzungen für einen Neubeginn der Menschheit.

Denn dies kommt zu unserem schlecht kaschierten Miserabilismus dazu: Wir sind *menschheitsverdrossen*, wir glauben nicht mehr an das Experiment *homo sapiens*. Der intellektuelle Teil der Menschheit, der einst auf Vernunft und Aufklärung und soziale Utopien setzte, hat aufgehört, an seine Ideen zu glauben. Daher sind Apokalypsen heute etwas grundlegend anderes als früher. Sie geschehen nicht um besserer Welten willen. Die Apokalyptiker von heute haben die Hoffnung begraben.

***

Von der *Endzeit in uns* soll nun also gesprochen werden und damit einer Zukunft, die längst begonnen hat. Die Menschen müssen es geahnt haben: Sie würden eines Tages ihren eigenen Untergang verantworten und andere Spezies dabei mitnehmen. Die Rolle des *δημιουργός* (*demiourgos*) im gnostischen Sinn des dämonischen Schöpfergottes war ihnen von Anfang an auf den Leib geschrieben, weshalb *homo demiurgus* (neben *homo creator*) der richtige Name für sie wäre. Unsere Spezies ist besessen von ihrem eigenen Verschwinden, ja sie hat es derart eilig, dass es in wenigen tausend Jahren geschieht, in einem Tempo, als gälte es möglichst schnell mit möglichst viel Beute davon zu kommen, wie bei einem Banküberfall.

Das Tempo der Maschine gab dabei den Takt an und beschämte den natürlichen Gang als obsolet. Was der Sozialphilosoph Günther Anders im Buchtitel seines bedeutendsten Werks *Die Antiquiertheit des Menschen* nannte, bildete ein Grundgefühl aus, das für ein wahrhaft „prometheisches Gefälle" zwischen Mensch und Maschine bestimmend wurde. Die Differenz der Epochenentwicklung zur natürlichen Fortbewegungsgeschwindigkeit wurde so groß, dass, um im Bild zu bleiben, der Einzelne das Steuer und damit die Kontrolle über das Vehikel verlor. Dies war (und ist) – *horribile dictu* – der Augenblick der Übergabe von Verantwortung und Orientierung an andere Fahrzeugführer oder fernlenkende Maßnahmen. Mit der Faszination der Automatisierung wurde schließlich die Maschine zum selbstfahrenden Subjekt des Fortschritts und der Mensch zum Gegenstand des Transports.

Die Anzahl der Weltuntergänge, die wir inzwischen über uns ergehen lassen mussten, sind trotz der Kürze der

Zeit Legion. Von Chiliasmus zu Chiliasmus haben wir überlebt, und das seit über zwei Jahrtausenden. Warum das so ist? Eine gewisse „Sucht des Untergangs“ ist nicht zu übersehen, und sie scheint abhängig von dem chronischen Miserabilismus, der tief in unseren abendländischen Zivilisationen steckt und uns nach kosmischen Katastrophen Ausschau halten lässt. Als sollte die Anthropogenese sich als Sackgasse erweisen; als wäre die Hominisation keiner Fortsetzung wert.

Hatte Rousseau also recht? War der einstige, für immer verlorene Naturzustand der bessere? Überraschen würde uns das nicht, wenn wir an Kafkas *Bericht für eine Akademie* denken. Vorgeschichtlich ist anzunehmen, dass bereits lange, bevor es zu einem Diskurs über den Menschen und seine Stellung in der Welt kommen konnte, unsere steinzeitlichen Vorfahren mit der Frage nach ihrer anthropologischen und kosmologischen Bestimmung beschäftigt waren. Das geschah freilich spirituell und also jenseits einer Vernunft-, Freiheits- oder Autonomiedebatte. Spätestens ab dem Jungpaläolithikum, die Sprache vorausgesetzt, können wir uns ein gänzlich subjektloses Erwachsensein kaum vorstellen. Angesichts der künstlerisch-kultischen Hinterlassenschaften des Aurignacien dürfen wir mit gewissem Recht vermuten, dass die geistigen Aktivitäten des anatomisch modernen Menschen in seiner Frühzeit ebenso weit fortgeschritten waren wie seine Überlebenstechniken, wie seine organisatorischen und sozialen Errungenschaften.

Erscheint uns das geistige Subjekt der Lascaux-Kultur unter den uns bekannten Aspekten noch vertraut, so ist uns das der älteren Steinzeit vorerst lediglich ein rein grammatisches Subjekt, über das wir, anders als bei den versteinerten Relikten seiner Physis, keine wissenschaftlich haltbaren Aussagen machen können. Nichtsdestoweniger erscheint aus heutiger Sicht ein noch weit früherer Beginn geistiger (verbaler) Aktivitäten nicht ganz ausgeschlossen. Neueste Hypothesen weisen gar in altsteinzeitliche Dimensionen des *Early Stone Age* (also des frühen Pleistozäns) zurück, wo solche Aktivitäten ein rudimentäres Selbstverhältnis bedeutet haben könnten (Roberts 2011: 118).

Taylor vermutet am erdgeschichtlich unbestimmten Beispiel eines fiktiven Steinzeitjägers, „dass es eine Ebene gibt, auf der das Gefühl der Menschen für ‚ich' und ‚mein' zu allen Zeiten und an allen Orten sehr ähnlich ist", und er weist die Annahme zurück, „diese Leute hätten nicht das gleiche Gefühl wie wir für die Einheit der Person bzw. für die Verknüpfung oder Identitätsbeziehung zwischen der Person und ihrem Körper" gehabt (1996: 210; 221).

Gänzlich vorsubjekthafte menschliche Bewusstseinsformen sind uns nur bei noch wesentlich früheren Hominiden vorstellbar, die über kein wenigstens elementares Ich-Konzept („ich bin eine/r unter anderen und agiere als solche/r") verfügen und für die noch kein zumindest elementares Weltbild als Teil eines gewissen Erklärungsganzen existiert, wie wir es beispielsweise im Schamanismus und in mythischen Narrativen vor uns haben. Das Selbst kommt beim Fehlen solcher Voraussetzungen (also ohne jegliche reflexive Widerspiegelung und Selbstobjektivierung) entweder gar nicht oder allenfalls im Konglomerat mit der verinnerlichten Außenwelt vor („wie Wasser im Wasser", um George Bataille zu zitieren, der damit das Verhältnis des frühen Menschen zu seiner Umwelt beschrieb).

Wenn wir den Begriff des „Selbstobjekts" aus der psychoanalytischen Selbst- und Bindungspsychologie entleihen wollen – was allerdings die Annahme eines nach Bindung strebenden Elementartriebs voraussetzt –, ist dieses Stadium ontogenetisch auf die ersten Lebensmonate beschränkt. Aus kognitionspsychologischer Sicht (nach Piaget) bestimmt eine gewisse Verschmelzung von Innen- und Außenwelt bis mindestens zum Ende des präoperativen Kognitionsstadiums den Prozess der Bewusstseinsreifung.

Phänomene des Egozentrismus zeigen sehr deutlich, wie sehr das sich entwickelnde Subjekt der ersten (mindestens sieben) Lebensjahre seine Welt beharrlich in sich trägt, statt sie zu objektivieren. Da gerade der Egozentrismus praktisch das gesamte Wachstumsalter in abnehmendem Maße bestimmt, kann man feststellen, dass ich-bewusste Subjektivität auch auf weniger entwickelten Stufen der Kognition, Sprachentwicklung und Selbstbewusstheit möglich ist und im Übrigen eine starke soziale Interdependenz keinesfalls ausschließt. Wie wir alle aus eigener Erfahrung wissen, ist sie sogar noch bei gesunden Erwachsenen erheblichen Schwankungen und qualitativen Veränderungen unterworfen. Immer wieder ist sie auch in stark eingeschränktem Zustand zu beobachten, denken wir nur an das Verhalten von Menschen in Gruppen, bei (politischen, sportlichen, religiösen) Großkundgebungen oder in Kriegshandlungen, von psychedelischen Zuständen unter Drogen oder psychischen Störungen ganz zu schweigen.

Während wir also hier einerseits den Subjektbegriff nicht für die philosophische Diskussion seit Platon, Augustinus oder gar erst Descartes reservieren wollen und generell große Probleme hätten, das psychosoziale Selbst nicht vor der europäischen Antike beginnen zu lassen, müssen wir doch andererseits den konzeptuellen Veränderungen dieses Begriffs im Lauf der abendländischen Kultur- und Geistesgeschichte Rechnung tragen. Wie bereits angedeutet, sehen wir in diesem Zeitraum das Subjekt immer dann im Umbruch, wenn seine Identitätsmatrix zu einer Revision gezwungen wird, sei es, dass Weltbildvoraussetzungen angetastet werden und seine kosmologische Einordnung neue Fragen aufwirft, dass neue Anthropologien auf den Plan treten oder veränderte Umwelten Adaptionsforderungen stellen.

Dies lässt zunächst fragen: Inwiefern sind die Parameter Weltbild, Menschenbild und Umwelt konstitutiv für die individuelle Subjektkonzeption? Wenn wir davon ausgehen, dass Subjekt und Welt die zwei Seiten einer Medaille sind, die das individuelle Selbst (also die reflexive Selbstbestimmung angesichts des individuell Anderen) ausmacht, dann wirkt sich die Auffassung dessen, was die Welt sei, naturgemäß auf das Bild des Selbst aus. Umgekehrt muss die Selbstwahrnehmung Konsequenzen für das Konzept der Welt haben. Nur das autonome, mit eigener Vernunftleistung betraute Subjekt kann beispielsweise die Erfahrung eines „sinnentleerten" Kosmos machen, in dem plötzlich alle weltanschaulichen und moralischen Grundvoraussetzungen zur Disposition stehen.

Wenn Kulturen zu einem Zeitpunkt ihrer Entwicklung dem einzelnen (herausragenden, heldenhaften) Menschen einen hohen Stellenwert im Kräftespiel ihrer Kosmologien einräumen, dann gerät das entsprechende Weltbild dem Wesen nach menschenaffin, wird also stark von dem bestimmt, was auch die Menschenwelt interessiert. Der Titan Prometheus ist beispielsweise als Rebellenfigur im griechischen Götterhimmel ein Reflex auf das vermutlich noch vor-individualistische Selbstbewusstsein des frühantiken Menschen der (männlichen) Oberschicht, seines wachsenden Wirkungs- und Autonomieanspruchs, seines zunehmenden Ehr- bzw. Würdegefühls, das sich freilich noch dem allgemeinen Wohl unterwerfen muss.

In der Eigenschaft als „Anwalt der Menschenrechte" und „anthropologische Leitfigur", so der Philosoph Hans Blumenberg (2006: 335; 361), dient der Gott aber auch umgekehrt zur kosmologischen Rechtfertigung einer Entwicklung zu Anthropozentrik und menschenweltlicher Immanenz, ja zu egalitärer Bürgerlichkeit und libertärer Gesinnung. Während allerdings in der Antike dazu das Heroenvorbild im späteren Leiden am Kaukasusfelsen gehört, wo Prometheus auf Götterratschluss für seine Rebellion bestraft wird, wird der Gott in neuzeitlicher Ausstattung zwar irgendwann zum „Emblem moderner Subjektivität" (Sloterdijk 1993: 60), doch fehlt ihm die heroische Leidensfähigkeit und Durchhaltekraft. Der prometheische Elan endet damit in Tristesse.

So sehr Subjektstatus und -bewusstsein mit (öffentlichen) Praktiken der Intersubjektivität verbunden sind oder sogar daraus hervorgehen, so sehr wirken sie auf die Entwicklung sozialer und staatsbürgerlicher Formen zurück, die das Glück des Einzelnen an das Gedeihen der Gemeinschaft binden. Ob man dabei, wie Elias und bis zu einem gewissen Grad auch Foucault annehmen, von einer regelrechten Ko-Formierung von modernen Staatsformen und autonomem Subjekt sprechen kann, lasse ich an dieser Stelle dahingestellt. Die systemtheoretische Soziologie, insbesondere der Systemkybernetiker Niklas Luhman, würde ihnen gewiss Recht geben.

Wenn mit der immer anthropomorpheren Ausstattung der Mythologeme die Entmythologisierung bereits ihren Anfang nimmt, so geht doch gleichzeitig damit – scheinbar paradox – eine Konkretisierung in Richtung Metaphysik einher. Damit verbunden ist ein Bildersturm auf die präsentativen Symbole, die das Imaginative mit dem Affektiven im psychischen Erleben verbinden. Prometheus ist bereits ein titanischer Gott, der seiner Mission gemäß den Götterhimmel abzuschaffen droht, sich also tendenziell selbst entmythologisiert. Seinem Wesen nach ist er so nahe der Menschensphäre, dass sein doch unbestreitbar Göttliches den *Glauben* an eine andere, eine höhere *Substanz* verlangt. Diese ist so beschaffen, dass sie das Menschliche ebenso legitimieren wie transzendieren kann.

Der *theiós anér*, der Mensch in göttlicher Mission, ist hier angelegt. In diesem Fall *muss* die Mythologie ein Zugeständnis an die Metaphysik machen. Denn nunmehr wird das mythologische Spiel der reinen Imagination überschritten. Der Gott wird zu einem „unsrigen“, das heißt aber zu einem *Anderen* der Menschenwelt. Dazu tritt seine Gestalt in eine Dimension ein, die einerseits so nahe am Menschlichen ist, dass sie die kultische Repräsentation unterfordert, andererseits aber so fern davon, dass sie nach Entstofflichung ruft.

Paradoxerweise (und doch folgerichtig) tritt im selben Augenblick das Prinzip der Inkarnation auf den Plan. Metaphysik ist in jedem Fall mehr eine Erweiterung als eine Subversion der Physik, denn das vermeintlich Unstoffliche wird ja gedanklich konzipiert und dabei für irgendwie vorhanden erklärt. Rasch überschreitet es dabei die Sphäre des rein Denkbaren und wird dann doch wieder eingeholt durch Imagination.

Statt also den mittelalterlichen Aristotelismus sozusagen im Bildersturm zu entschlacken, bestätigt sich gerade dessen eherne Grundregel: *nihil potest homo intellegere sine phantasmate* („Der Mensch kann nur in der Vorstellung etwas erkennen"). Physik und Metaphysik könnten sich also im Grunde immer dann die Hand reichen, stünde nur die platonische (religiöse) Ideenwelt für eine Extrapolierung der kosmologischen Imagination, also für die simple Projektion der Welterklärungsfantasie und damit für einen symbolischen Ausdruck leibseelischer Ganzheit, statt referenzieller Verweis auf transzendentale Entitäten sein zu wollen.

Geradezu naturalistisch erscheint einem heute daher die Positionierung von Fantasie und Erkennen in Antike und Mittelalter, als, so Giorgio Agamben, „der *mundus imaginabilis* seine unverminderte Wirklichkeit zwischen dem *mundus sensibilis* und dem *mundus intelligibilis* [beanspruchte] und [...] sogar Bedingung für deren Vermittlung, d.h. der Erkenntnis" war (2001: 38).

Spätestens seit Jean Piaget die Bedeutung der Bewusstseinsassimilation für den kognitiven Welterschließungsprozess des Kindes darlegte, liegt auch von entwicklungspsychologischer Seite eine Würdigung der Imagination als eines unerlässlichen Instruments der ontogenetischen Adaption vor. Es ist paradoxerweise die *eigene* Vorstellung, die dem (jungen) Menschen *per Fantasie* die Annäherung an die fremde Welt ermöglicht, indem sie deren Einbettung in den eigenen Horizont erlaubt. „In der Assimilation bemächtigt sich der handelnde Mensch der Gegenstände der

Welt, verleibt sie *seinen* Handlungsschemata, *seinen* Operationen und *seinen* Begriffen ein und erkennt auf diese Weise ihre Eigenart." (1976: 12; Hervorh. v. Vf.)

So war es einst nur konsequent, dass die sogenannten „Realisten" um Thomas von Aquin die „Ideen" in aristotelischer Manier auch als *real* repräsentiert sahen, und zwar ausdrücklich *ohne* Substanzverlust: „*universalia sunt in re*" hieß der Satz, der die sog. „Idealisten" – sie glaubten dagegen an eine autonome geistige Welt: *universalia sunt realia* – Lügen strafen wollte.

Will sagen, die platonischen Urbilder gehen letztlich doch eins zu eins in der Wirklichkeit auf, wobei der nicht vorhandene „Substanzverlust" weniger den Realisten als den Materialisten zu verraten scheint. Transzendenz (wenn man bei dem Begriff bleiben will) ist jetzt sublime Menschlichkeit und gleichzeitig beschämend übermenschliche Perfektion. *Sub specie aeternitatis* fällt dann ein ebenso unvergängliches wie ephemeres Licht auf den Menschen. Es war Montaigne, der an die menschliche Natur gemahnte und uns „vor solchen überhohen Gedanken, wie vor jähen und unzugänglichen Örtern" warnte: „Wir haben allezeit mit dem Menschen zu thun, der allezeit wunderbar an dem Körper hängt." (1992 [1754] III: 444; 67)

Für die Entwicklung des Subjekts ist die Wendung zur Metaphysik also ein zweischneidiges Schwert: Zunächst bedeutet sie eine Aufwertung (zu deren Zweck sie auch geschieht), ist doch mit der Behauptung eines Geistwesens eine Auszeichnung des Menschengeistes verbunden, der, diesem wesensähnlich, solche Abstraktion vornehmen kann. Ist der Glaube das Instrument, das zur Transzendierung befähigt, dann ist dem Gläubigen damit ein Status verliehen, der ihn vor anderen Menschen und Lebewesen im Universum auszeichnet. Es nimmt deshalb nicht wunder, dass das jüdische wie das christliche Menschenbild von „Ebenbildlichkeit" ausgehen, also einer essenziellen Grundaffinität von Mensch und Geistwesen, das dieser sogleich, theologisch negativ oder positiv, mit entsprechenden Allmachtsattributen ausstattet.

Auf diesem Niveau – und das ist die andere Seite der Medaille – muss der Mensch dann allerdings auch eine gewisse Scham verschmerzen, ist er doch bei aller höheren Ausstattung nur eine sterbliche Hülle, die das Göttliche eher ärmlich repräsentiert. Seit jeher werden jedoch dieser Generalkränkung theologisch-mystische Therapieversuche zuteil, die den „göttlichen Funken“ zum Kristallisationskern eines grandiosen Selbst- und Artbewusstseins machen. Dass dieses dann in der Konsequenz den durch die gnostische Substanzdifferenz herabgeminderten Subjektwert verkraften bzw. gegen den Abstand zum Göttlichen schönrechnen muss, liegt auf der Hand. Descartes' Vernunftanthropologie wäre ohne göttlichen Auftraggeber ebenso wenig möglich wie Kants autonomes Subjekt ohne universales Vernunftprinzip oder Fichtes „absolutes Ich“ ohne Generalvollmacht zur Allmachtsillusion.

Der Seinsgrund des Subjekts verschiebt sich aber immer dann aus dem Schwerpunkt, wenn dieses sich selber zum Deduktionszentrum seines eigenen Weltbilds, ja seiner Kosmologien wird. Das ist besonders dann der Fall, wenn das Subjekt aus der Natur „hinausobjektiviert“ und damit denaturalisiert wird, wodurch es ja eine bezugslose „außerweltliche Stellung“ (Taylor 1996: 317) einnimmt. Die Lage wird noch dramatischer, wenn es schließlich zu einer Selbstfindung aufbricht, deren Ziel nicht ein universelles Gesetz der Vernunft (wie bei Descartes) oder ein Gesetz der Moralität (wie bei Kant) ist, sondern eine radikal individuelle Persönlichkeitswurzel, deren Verfehlen einen Mangel an Originalität bedeutete.

Das Subjekt in der europäischen Geschichte nimmt nicht nur dann kritische Züge an, wenn es sich entweder unter Geburtswehen von (mythologischen, religiösen) Weltanschauungssystemen bzw. -narrativen entbindet oder im Konflikt mit metaphysischen Überkonstruktionen zur Marginalie zerfällt oder aus Zweifel an seiner Legitimation an den Sinnstiftungsaufgaben verzweifelt. Sondern es ist über all dies hinaus zum Scheitern verurteilt, wenn es im Punkt der höchsten Autonomie den Punkt der höchsten Einsamkeit erreicht, die nun darin besteht, fortan um sich selbst zu kreisen, wie Heinrich von Kleist das beklagte: „Nichts kann trauriger und unbehaglicher sein, als diese Stellung in der Welt: der einzige Lebensfunke im weiten Reiche des Todes, der einsame Mittelpunkt im einsamen Kreis" (1993: II, 327).

Im Augenblick der „Befreiung aus der Abhängigkeit von Ordnungen des ontischen Logos", wenn, so Taylor, „die Grundlagen für ein sich selbst bestimmendes Subjekt" geschaffen sind (1996: 343), kulminiert mit dessen existenzieller Einsamkeit die psychologische und mit dieser wiederum das Leiden an der Individuation, die nun sozusagen um jeden Preis in die radikale Vereinzelung und Unterschiedenheit mündet.

In ihrem berühmten *L'Anti-Œdipe* von 1972 gipfelt für Gilles Deleuze und Félix Guattari dieser antagonistische Prozess nicht zufällig im Automatenmenschen, in welchem Lust und Unlust als vergesellschaftete Prinzipien sich gegenseitig neutralisieren. In seiner Eigenschaft als *machine désirante* („Wunschmaschine") ist er eine Art Bipolaggregat, in dem die Gegensätze zwischen Triebunterdrückung und Triebentladung zu einem ambivalenten Potenzial verschmelzen.

Die hilflose Indifferenz ist sozusagen das Markenzeichen dieses Typus, der damit zur Blaupause und Projektionsfigur für die Massen vorbestimmt ist. In ihm verschleiern (und ächten) sich die gesellschaftlichen Gegensätze und vereinen sich in der Figur eines „Gefangenen der Freiheit". Die Widersprüche *scheinen* also nur mitsamt der Persönlichkeit annulliert und bilden ein Spaltkonstrukt, wie es auch der französische Soziologe Alain Ehrenberg für das Subjekt des 19. Jahrhunderts als „Verbindung aus Animalität und Schuld" (2008: 66) beschrieben hat.

Ein Subjekt, das seine Widersprüche mechanisch aufhebt, kann nicht souverän und erst recht nicht autonom sein. Seine Freiheit ist zugleich sein Fluch, sein beliebiger Bewegungsraum bedingt seine Fieberhaftigkeit und seine Erschöpfung. Jede Seite des verinnerlichten Widerspruchs steht in der Schuld der andern, so dass das Ganze auch ein Aggregat der Schuld ist, wie das im Übrigen auch nach Freud noch einmal Lacan (1963) prononciert unterstrichen hat.

Hier ist es dann auch nicht mehr nur der seit Pascal, Rousseau, Maine de Biran vielberufene *ennui*, die existenzielle „Langeweile", die zu beklagen ist. Diese resultiert aus der zeitmodischen melancholischen Kapitulation vor der Indifferenz des mechanischen Kosmos, dem Gefühl der Nichtigkeit des Ichs im Universum, vielleicht auch dem monistischen Zwiespalt zwischen Natursein und Freisein. Darüber hinaus ist es vielmehr, wie Ehrenberg für die Genealogie der modernen Depression beschreibt, die Symptomatik einer „Krankheit der Schuld, einer Konfliktkrankheit einerseits, und der *Erschöpfung*, die mich entleert und mich handlungsunfähig macht, also einer Krankheit der Verantwortlichkeit, einer Krankheit der Unzulänglichkeit andererseits" (2008: 67).

Die vielzitierte „metaphysische Obdachlosigkeit" allein reicht jedenfalls nicht aus, das geistige Syndrom zu erklären, wenn diese als Grund auch noch so wortreich angeführt wird, wie es vor einiger Zeit wieder Hans-Jürgen Heise im *Spiegel* tat:

> Seit dem Verlust des Transzendenzbegriffs befindet sich die Menschheit im freien Fall. Zwar ist der Sturz noch nicht beendet, doch gleichen wir den Insassen eines abstürzenden Flugzeugs, die sich an ihre Sitze klammern – an die Haltegriffe der technischen Zivilisation. (2013: 170)

Wenn dagegen Lázló Földényi zu den Kennzeichen der neuzeitlichen Melancholie vor allem „die metaphysische Einsamkeit, den Zwang zum Selbstbeweis" (1999: 146) rechnet, steht der Orientierungsverlust (als Ursache) ganz richtig in einer Reihe mit der Legitimierungsarbeit des Selbst bei seiner Suche nach genuiner Individualität (als Wirkung). Dass am Ende dieser Arbeit ein überspanntes Selbstverhältnis stehen muss, leuchtet unmittelbar ein. Es ist deshalb kein Zufall, dass die eigentliche Melancholiezeit, das späte 18. Jahrhundert, in ihrem Höhepunkt mit der sogenannten „Geniezeit" und schließlich der Frühromantik zusammenfällt, einer von der Philosophie Fichtes orchestrierten Periode des überdehnten Subjektkonzepts, das die Erwartungen an das individualisierte Selbst radikal überzieht. Der hohe Anspruch an Authentizität und Sinnstiftungsvermögen des Individuellen stellt sich so bald als Fluch heraus, da die enttäuschte Überschätzung selbstzerstörerische Impulse nach sich zieht. Hier haben wir dann eine der psychogenen Wurzeln für den Miserabilismus, der bei vielen mit Depressionen und endzeitlichen Fantasien einhergeht. Im kollektiven Maßstab entsteht daraus ein sozialpsychologisches Syndrom, das immer höhere Ansprüche an die gesellschaftliche Sinnausstattung stellt und spirituelle Schnellkost einer psychischen Durcharbeitung vorzieht. Evangelismus, Okkultismus, Magnetismus, Spiritismus, Parapsychologie – wie immer die esoterischen Abteilungen heißen, sie haben ihre Ursprünge in der cartesischen Überforderung des angeblich vernunftbegabten Individuums.

Die subjektivistische Geisteshaltung des Bürgertums jener Zeit neigte aber zur depressiven Traurigkeit nicht vor allem deshalb, weil dieses den Mangel an politischer Beteiligung nicht verwinden konnte, sondern, weil dessen viel zu hoher Selbstanspruch ins Leere lief. Verträgt sich gesteigerter Individualismus und eskapistische Innerlichkeit an sich schon nicht leicht mit sozialer Verantwortung, so kann der Einzelne sich zu alledem seiner weltanschaulichen Entwürfe nie so sicher sein, dass er fest im Leben stünde; je stärker diese individualisiert sind, umso weniger.

Existenzielle Langeweile herrscht dann vor – denken wir an Albrecht Dürers Kupferstich *Melencolia I* von 1514 –, wenn die Vermessung des Universums am armseligen menschlichen Instrumentarium scheitert und ein Stillstand einkehrt, der das Unbewusste nach außen kehrt. „Langeweile", schrieb der geniale Walter Benjamin, „ist immer die Außenseite des unbewußten Geschehens" (1991: V, 1054). Und vielleicht kann man auch ein Wort Giacomo Leopardis hinzufügen, das die Langeweile als Durchbruch des unbefriedigten Begehrens definiert: *La noia e il desiderio di felicità lasciato allo stato puro* (1823: 3879): „Die Langeweile ist das im Reinzustand gebliebene Verlangen nach Glück".

***

Über den Verlust des sozialen Ortes als das für das 19. Jahrhundert typische Deprivationsmuster ist viel geschrieben worden. Unstrittig sind die sozialen Umwälzungen im Zuge der Industrialisierung und der sozialpolitischen Neuerungen wie der Umstrukturierung des Agrarwesens im Rahmen der „Bauernbefreiung" (also der eigentumsrechtlichen Lösung der Bauern von den Grundherren) von gewaltiger Durchschlagskraft. Sie verändern nicht nur die materiellen Lebensbedingungen vieler Menschen in Europa, sondern auch die psychosozialen Selbstfindungs- und Selbsterklärungsvariablen, die Subjektivität konstituieren. Sie greifen also tief in den Identitätshaushalt und treffen den Nerv der Ich-Konstitution. Die Erfahrung des Selbstverlusts ist nach einer Periode der Irritation zugleich die Initialzündung für einen Prozess der Neuorientierung, will sagen der Neuverwurzelung im kollektiven Grund.

Das Bürgertum der ersten Hälfte des 19. Jahrhunderts, das sich gerade erst zu einer breiteren Sozialschicht formierte, stand bereits im Zeichen der Umschichtung, der Fragwürdigkeit, des Zerfalls, wie er dann am *fin de siècle* offenbar wurde. Von Anfang war seine geistige Grundlage eine unfeste, suchende, ja eine entwurzelte. Die kultische Pflege der Privatsphäre entsprach einem Weg nach Innen, wo der Mangel an Weltkohärenz außen durch eine starke Formalisierung, Esoterisierung, ja Selbstmythisierung, wettgemacht wurde. Dass Gebäude solcher Art brüchig sind, hat nicht erst der Expressionismus empfunden, der den Zusammensturz alles Festen oder, wie Jakob van Hoddis, gar das *Weltende* als Banalität voraussagte:

> Dem Bürger fliegt vom spitzen Kopf der Hut,
> In allen Lüften hallt es wie Geschrei.
> Dachdecker stürzen ab und gehn entzwei,
> Und an den Küsten – liest man – steigt die Flut.
>
> Der Sturm ist da, die wilden Meere hupfen
> An Land, um dicke Dämme zu zerdrücken.
> Die meisten Menschen haben einen Schnupfen.
> Die Eisenbahnen fallen von den Brücken.
> (1974 [1911]: 39)

Der Weltuntergang ist hier nicht weiter erschreckend; er ist *banal*, weil er sich längst *innen* ereignet, längst endokrin und epidemisch ist. Wenn alle Welt den Keim der Vernichtung in sich trägt, ist das Weltende nicht viel mehr als ein kollektiver „Schnupfen".

Der lapidar-trockene Ton des Gedichts profitiert vom zynischen Pragmatismus der alltäglichen Selbstzerstörung. Wo das Unheil sich einnistet, ist es bis zur Propagierung des „Heils" nicht weit. Dabei geht es nicht ums Schönreden – man nennt die Dinge ja beim Wort: „Dachdecker stürzen ab und gehn entzwei" –, sondern um möglichst erbauliches Schwarzsehen, das die „Erlösung" per Rezept oder Sündenbock gleich mitliefert. Die inflationär hohe Zahl der „Wunderheiler", die jetzt in Politik und Esoterik auf den Plan treten, stellen eine niederschmetternde Diagnose, verabreichen ihre Tinktur und sonnen sich im Ruf des Wundertäters, wenn der (von Anfang an gesunde) Patient „genesen" ist.

Die seelenlose Indifferenz der heraufziehenden kapitalistischen Produktions- und Massengesellschaft war bereits mehr als 100 Jahre vor dem Expressionismus – der bisher hellsichtigsten Kunstform auf dem Planeten – zum *fait accompli* geworden, und der Wahnsinn schien längst nicht mehr allein Sache der Wahnsinnigen zu sein. Über Georg Büchners Lenz-Figur z.B. schreibt der Literaturwissenschaftler Romano Pocai:

> Der hierin dokumentierte Wahnsinn einer indifferenten Gesellschaft erscheint dieser selbst als Vernunft. Lenz gelangt somit nicht zu dem unerträglichen Wahnsinn, den er im Steintal, als er noch von negativen Verhältnissen affizierbar war, als Fluchtpunkt seiner Wiedereingliederung in die bürgerliche Gesellschaft benannt hat, sondern zu einer affektiv entleerten Vernunft, die dem unscheinbaren Wahnsinn struktureller Indifferenz entspricht. (1992: 348)

Wenn das Subjekt Rolle und Gesicht in der Masse verliert oder wenn seine Individualität im Katalog der Werte nicht mehr vorkommt, fühlt es sich nicht nur wertlos und überflüssig – „das allerhöchste Leiden ist Geringschätzung", sagt der historische Jakob Michael Reinhold Lenz (2005 II: 624) –, sondern zur Passivität verdammt, vom Aktionismus eines anonymen Geschehens überrannt.

Von der Erfahrung der Gleichschaltung ist es nur ein Schritt zu jener der Ausschaltung. Lenz drückt das in einer zwischen 1773 und 1775 entstandenen Hommage an Goethes *Götz von Berlichingen* aus, wo er das bürgerliche Leben als eine unbeeinflussbare Geschehenskette darstellt und sich fragt: „was bleibt nun der Mensch noch anders als eine vorzüglichkünstliche kleine Maschine, die in die große Maschine, die wir Welt, Weltbegebenheiten, Weltläufte nennen besser oder schlimmer hineinpaßt"?

Das Maschinenbild, wie es aus der mechanistischen Kosmologie und dem Materialismus der Neuzeit hervorgegangen ist und nun über die Anthropologie – *l'homme machine* – in die Soziologie diffundiert, ist bei Lenz Metapher für die Zwangsläufigkeit der bürgerlichen Sozialisation von der Wiege bis zur Bahre, aber auch für die Fremdbestimmtheit aller übrigen Daseinsparameter. Büchner benutzt stattdessen eher die Puppenmetaphorik, so wenn er beispielsweise den geringen Selbstanteil an der Daseinsgestaltung beklagt: „Puppen sind wir von unbekannten Gewalten am Draht gezogen; nichts, nichts wir selbst!" (1999 I: 49)

Lenz fordert die Freiheit des Handelns in der Lebensgestaltung, weil nur sie dem Einzelnen ein Gefühl seines Selbst gibt. Das ist Rousseau, mit anderen Worten gesagt: „daß handeln, handeln die Seele der Welt sei", während dagegen geschehen lassen ein Verrat am „prometheischen Funken" sei:

> Aber heißt das gelebt? Heißt das seine Existenz gefühlt, seine selbstständige Existenz, den Funken von Gott? Ha er muss in was Besserm stecken, der Reiz des Lebens: denn ein Ball anderer zu sein, ist ein trauriger niederdrückender Gedanke, eine ewige Sklaverei, eine nur künstlichere, eine vernünftige, aber eben um dessentwillen desto elendere Tierschaft. (2005 II: 637f.)

Auch Goethe war durch Introspektion schon in der *Werther*-Zeit als gerade Fünfundzwanzigjähriger psychologisch bewusst und versiert genug, um das Melancholiesyndrom in seinen narzisstischen Wurzeln zu durchschauen. Er hatte diese Zeilen aus eigener schmerzlicher Erfahrung mit jener „Krankheit zum Todte" geschrieben und war sich später sicher, dass er damals moribund gewesen sei, ja in Lebensgefahr geschwebt habe. Am 3. Dezember 1812 schrieb er, 63jährig, an den Freund und Komponisten Carl Friedrich Zelter:

> Ich weiß recht gut, was es für mich Entschlüsse und Anstrengungen kostete, damals den Wellen des Todes zu entkommen, so wie ich mich aus man-

chem spätern Schiffbruch mühsam rettete und mühselig erholte. (1812: 185)

Sein Faust leidet an einem melancholischen Syndrom, einer Art (wenn man so will) Idealismuskrankheit, die tiefe Wurzeln in der Seelenverfassung hat, wo sie einem unerreichbaren Ich-Ideal entspringt. Es ist aber nicht nur ein geistiges Nimmersatt-Syndrom, weil er mehr „erkennen" will, als was zu erkennen ist; mehr „haben" will, als was zu haben ist und vor allem auch mehr *sein* will, als was das Leben, das Talent, die realen Möglichkeiten hergeben; sondern es ist auch ein unstillbares Verlangen nach dem *vollen* Kelch der Gefühle – womit wir von Liebe sprechen. Und es ist bei alledem (deshalb „zynisch") das paradoxe Bewusstsein dessen, dass keines dieser Güter je zu erlangen ist und eigentlich der Anti-Idealismus der „richtige" Idealismus wäre.

Einem solchen Syndrom liegt oft auch der ewige Argwohn zugrunde, um das Wesentliche: den rechten Lebensweg, den rechten Beruf, die rechten Freunde, die rechten Möglichkeiten irgendwann, irgendwie, irgendwo betrogen worden zu sein und seither und fortan ein Leben zweiter Wahl zu führen. Der Argwohn wird begleitet von der paranoiden Vorstellung, die leidige *conditio humana* oder gar anonyme Mächte im Universum enthielten einem das Entscheidende vor, als existiere irgendwo ein „nur mir" zugedachtes Reservoir an Glücks- und Lebensfülle, das „nur mir" verschlossen bleibt.

Kafkas Parabel *Vor dem Gesetz* liefert das Narrativ dazu: die Vision einer ewig aufgeschobenen Enthüllung des individuellen Lebenszwecks, ebenfalls Folge einer Idealismuskrankheit, die einen auf die Suche nach einem unerfindlichen existenziellen Mehrwert schickt, einer Suche, an der man zerbrechen muss. Einen „Platonismus der Seele" könnte man diese Hungerkrankheit nennen, die einen auf eine unendliche Wanderung durchs Leben schickt.

Goethe hatte im *Werther* lange an der Formel für ein Syndrom der geistigen und affektiven Ungenügsamkeit gearbeitet, das Liebes- und Lebenssehnsucht an die Unerfüllbarkeitsgrenzen treibt. Die Bereitschaft zur Selbstzerstörung war in dieses Syndrom eingelegt, was nur heißen konnte: Es handelte sich um eine depressive Pathologie, die einer tief eingeschriebenen Falschmessung entsprang, einer Art Eichfehler vielleicht schon auf der Geburtswaage, die einen für „zu leicht" befand. Auch wenn man das damals noch auf der Melancholieskala anzeigte und noch nicht von Depression sprach – Melancholie war im 18. Jahrhundert noch eine bürgerliche Salonkrankheit, verlor aber dank psychologischer Aufklärung allmählich an modischer Attraktivität –, handelte es sich im Grunde um das Phänomen unserer Tage, das bereits weite Kreise zieht.

Denn kaum eine andere Krankheit der Seele ist heute in unseren industriellen Gesellschaften so weit verbreitet wie die Depression in ihren vielen Spielarten und Schweregraden. 16 bis 20 Prozent aller Menschen weltweit erkranken wenigstens einmal in ihrem Leben an einer Depression und werden deshalb behandelt, das ist jede vierte Frau und jeder achte Mann. Deshalb ist auch kaum eine andere Krankheit ein besserer Spiegel unserer Gesellschaft als sie, bildet sie doch all unsere Überforderung, unsere Einsamkeit, unsere weltanschauliche und soziale Verlorenheit jenseits aller Traditionen ab – mit einem Wort: unsere zu Autonomie, Isolation und Selbstherrlichkeit verdammte Existenz. Das antike Bild dafür war Ikarus, der sich aus eigener Kraft hoch hinaufschwingt und kläglich abstürzt.

Alain Ehrenberg – ich erinnere noch einmal daran – hat die Depression in seinem Buch *Das erschöpfte Selbst* (2008) als „Krankheit der Freiheit" und „Krankheit der Verantwortlichkeit" beschrieben, die eine Begleiterscheinung unserer „Kultur der Autonomie" sei. Der Zwang, alles selber zu entscheiden, alles selber in die Hand zu nehmen und zu verantworten, bringe eine permanente narzisstische Kränkung mit sich, da fortwährend das Gefälle zwischen zu hohem Anspruch und beschämender Unzulänglichkeit, zwischen Ideal und Wirklichkeit erfahren werde. Die „Anstrengung, er selbst werden zu müssen" (*la fatigue d'être soi*), resultiere aus der „Qual der Wahl“ im Zeichen des individuellen Autonomismus. Gleichzeitig aber leide der Depressive unter der sozialen Isolation, die ihm seine Anstrengungen auferlegten. Extremer Individualismus auf der einen Seite konfligiere mit dem Konformitätsdruck der Massengesellschaft auf der anderen. Ein Leben der Widersprüche und Orientierungslosigkeit sei die Folge.

Das nicht enden wollende religiöse und esoterische Angebot, das diese „Ermüdung“ mit Sinnangeboten zu lindern sucht, ist in Wirklichkeit eine der Ursachen dieser Ermüdung. Denn Religion kompensiert zwar den Leidensdruck, führt ihn aber nicht wirklich ab, da sie eher regressive als progressive Ventile schafft. Glauben ist Bindungsersatz, nicht Bindung, reicht in frühkindliche Fiktionen zurück, wo nichts zu finden ist außer Leere. Glauben bedeutet nur eine Neuauflage der utopischen Sehnsucht nach Nähe, ein weiteres Herumirren im Nebel, der viel verspricht, während er viele Gefahren birgt.

Im Übrigen ist gerade das metaphysische Sinnangebot nicht dazu angetan menschliche Konflikte auf ebenso menschliche Ursachen zurückzuführen, die dann auch bekämpft oder gedämpft würden. Religionen bringen immer nur neue psychische Probleme hervor, weil sie die horizontal-irdische, sprich die anthropologische Perspektive nicht durchhalten, also selbst schon Symptom eines mentalen Defizits sind – und weil sie die Menschen, die Halt suchen, nicht auf zwei Beine und festen Boden stellen, sondern auf noch unsichereren Grund. Betrachtet man die Religionen als Nachfahren der Mythen, wird klar, dass sie lediglich die schlechteren Mythologien sind, das, was man sich erzählte, als die Zeit der Mythen längst vorbei war.

Unsere Welt, in der es seit langem um nichts anderes mehr geht als um Bereicherung, Konsum, Unterhaltung und Vergnügen: diese Welt hat einen Typus von Zyniker hervorgebracht, den Christopher Lasch als „narzisstischen Persönlichkeitstyp“ (1979) beschrieb und der im Werk Baudrillards die angepasste Antwort auf eben diese materialistische Konsumwelt ist. Nach Durkheim ist „Persönlichkeit“ nichts anderes als das „vergesellschaftete Individuum“ (1960), doch dieser spezielle narzisstische Typus zeigt ausgeprägte antisoziale Gefühle, einen freudlos-gierigen Konsumismus und steckt voller neurotischer Ängste. Er bezweifelt sogar die Realität seines eigenen Lebens und kopiert stattdessen die Klischees, die ihm von neuen und alten Medien und in anderen virtuellen Welten vorgesetzt werden. Dabei tut er so, als hätte er sie selbst erfunden, so wie er auch jedwede Zeitläufte ignoriert, die historischen vor ihm und die zu erwartenden nach ihm. Er lebt nicht mehr seine eigenen Gefühle, sondern die der Medienhelden und führt so ein Leben aus zweiter Hand („Second Life“). Da sein Selbst- und Weltverständnis sich nicht aus eigener Erfahrung speist, bleibt er nicht nur weltfremd, sondern entfremdet sich auch von sich selbst.

Die Entwicklung zur Zweidimensionalität, die damals beschrieben wurde, wird heute epidemiologisch auffällig als Überhandnahme der endogenen Depressionen, die definitionsgemäß das Leben selbst im Visier haben, weil dieses ihnen als Nährboden von Freude, Glück und Sinn versagt ist. Der gleichwohl weit verbreitete Hedonismus kann nicht darüber hinwegtäuschen, dass die kollektive Grundstimmung autoaggressiv und depressiv ist. Dabei sollte nicht übersehen werden, dass diese Variante der Genusssucht weder lebensphilosophisch (Epikur) noch vitalistisch unterlegt ist, sondern ein Kopier- und Kompensationsverhalten an den Tag legt, das die Selbstentfremdung steigert, nicht zurückdämmt.

Depressionen sind zwar nicht der typische Nährgrund für Gewalthandlungen, doch als Ausfluss narzisstischer Pathologien können sie die latente Autoaggressivität, die im Überfluss vorhanden ist, nach außen in Aggressionen ableiten. Selbstfeindschaft wird dann zu Weltfeindschaft, und zwar einer besonders fundamentalen, alles verwüstenden. Wenn der Depressive wünscht, dass die Welt untergeht und ihn verschlingt, ist das eine Vorstellung, die *per se* apokalyptische Dimensionen hat. Es ist dann tatsächlich so, als wollte er, wie der US-amerikanische Suizidologe Edwin Shneidman es formulierte, „den Knopf für den Untergang der Welt drücken" (1988).

Nach so vielen Jahrhunderten der einigermaßen bekannten Menschheitsgeschichte – nehmen wir nur den Zeitraum der letzten 3000 Jahre, das sind 120 Generationen – ist *ergo* das vorläufige Führungszeugnis, das wir der Menschheit ausstellen, ein höchst widersprüchliches: Kriege ohne Ende auf der einen Seite und eine unerhörte Entfaltung der kulturellen Intelligenz auf der anderen.

Wenn uns solche Extreme begegnen, können wir gar nicht anders, als zwischen beiden eine Verbindung, ein Zusammenwirken zu vermuten. Wenn es sich um zwei Seiten einer Medaille handelt, zwei Pole eines Magneten, sprechen wir nicht von Widerspruch, sondern von Polarität oder Ambivalenz. Ein solches Gebilde konstituiert aus Gegensätzen Kräfte, die anders nicht vorhanden wären: eine Dynamik, die unerwartete Ergebnisse zeitigt und Qualitäten hervorbringt, die wie bei einer chemischen Reaktion mit den Ausgangsstoffen anscheinend nichts mehr zu tun haben.

Wie wir alle wissen, lässt sich diese Polarität zwar immer wieder beim Einzelmenschen beobachten; evident aber wird er nur bei großen Kollektiven, also in der scheinbar organisierten Masse, die sich als solche zu weigern scheint, einen wirklichen Organismus zu bilden.

Das Wort „Organismus" für soziale Großgruppen beim Menschen zu verwenden, hat man sich seit je gescheut, je größer die Einheiten, desto mehr. Bisherige Versuche, eine große Vielzahl Menschen zu sozialen Makrokosmen zu verbinden, muss man als gescheitert bezeichnen. Dahrendorfs *homo sociologicus* scheint allenfalls in kleineren Gesellschaftseinheiten wie in indigenen Stammesorganisationen vorzukommen; das Gleiche gilt wohl von Aristoteles' *ζῷον πολιτικόν* (zóon politicón) mit den Maßgaben der antiken Polis.

Politische Systeme, die einem Organismus am nächsten kamen, waren weder Athen noch Korinth noch Sparta, sondern eher die neuzeitlichen Varianten des realen Sozialismus. Doch scheiterten diese bereits in den Anfängen an ihren korrupten und gewaltsamen Durchsetzungswegen. Nur eine einzige Bevölkerungsgroßgruppe weltweit, die Malayali im südwestindischen Kerala, hat ein radikales sozialistisches Gesellschaftssystem weitgehend gewaltfrei und demokratisch in den 1950er Jahren eingeführt und könnte daher *mutatis mutandis* als Organismus bezeichnet werden.

Menschen, so hat es stark den Anschein, können in großen Gesellschaften nicht organisch zusammenleben, in einer Weise also, wo jeder im Sinne eines *pursuit of happiness* seine Aufgabe, seinen Platz, seine Rechte, sein Auskommen, seine körperliche Unversehrtheit und Lebensfreude hat. Nur kleine Organisationen entwickeln und erhalten ethische Energien ohne größere Verluste. Organische Nachhaltigkeit lässt sich daher nur in mikrokosmischen Strukturen erzielen.

Die kleinste und effektivste Einheit ist die Familie, dann folgt der Clan, der Stamm, der Stammesverband, Menschen eines Totems usw. Ein „Organismus Menschheit" ist nach deren bisherigem Auftritt auf der Weltbühne unter keinen Umständen denkbar. Utopien in diese Richtung sind charmant, aber reine Fantasiegebilde, die die Gruppenintelligenz der Spezies *homo sapiens* überfordern. Dystopien scheinen uns deshalb seit je realistischer. Nicht umsonst sind alle Großgebilde à la „Weltregierung" in den einschlägigen Science-Fiction-Szenarien, zuletzt den Filmen *Hunger Games* und *Trepalium*, totalitäre Regimes.

Aber was genau zwingt die Menschen in diese Misere, wo sie doch in der Lage sind, sich alles ganz anders vorzustellen? Wenn die soziale Selbstsabotage nicht dem individuellen Wunsch der Einzelnen entspringt, warum bedrohen sich dann ganze Gesellschaften mit dem kollektiven Untergang?

Offenbar neigt die Spezies in abstrakten Ordnungsgefügen wie Polis, Nation, Staat etc. dazu, ihre Handlungen nicht unter empathischen Gesichtspunkten zu antizipieren. Menschen setzen sich als Individuen immer dann absolut, wenn sie sich mit anderen koordinieren. Sie verschmelzen dann mit einem introjizierten Über-Ich zu einer selbstherrlichen „Über-Person“, die positive soziale Gefühle auf einen immer kleineren Kreis richtet und darüber hinaus nur reduziert oder gar nicht empfindet.

Die Geburt dieses Übermenschen entspringt einer Selbstanonymisierung oder Selbstnivellierung, bei der jeder Einzelne eine paradoxe Mischung von Ich und Wir eingeht. Das Andere, das hierbei entsteht, kann nur als Negation des Eigenen wahrgenommen werden, also muss es zerstört werden. In der Illusion der pluralen (nicht pluralistischen!) Vielköpfigkeit gedeiht ein individualistisches Machtungeheuer. Multipliziert mit der Masse, wird das Individuum zu einem menschlichen Artefakt, das statt Liebe nun Macht hat.

Das Ergebnis ist also nicht etwa die Entindividualisierung, wie man das gewöhnlich annimmt, sondern das Gegenteil: eine Superpersönlichkeit. In diesem Augenblick entsteht der Held, der sich über alles erhebt, einschließlich seiner Mitleidsfähigkeit. Wenn aus Individuen durch bloße Addition Superindividuen werden, dann wiegt sich jeder in der Illusion der Unzerstörbarkeit. Die Anmaßung der Übermenschlichkeit folgt auf dem Fuß. Sie bedingt die Unfähigkeit in fremdem Leid das mögliche eigene zu reflektieren. Wahrscheinlich ist es genau dies, was den wahnwitzigen Glauben an die eigene Unverletzlichkeit erzeugt; und genau dies, was Menschen im Namen eines Kollektivs innerlich unbeteiligt (und unbehelligt) morden lässt.

Wenn aus Menschen im Zusammenschluss niemals ein Organismus wird, dann ist die skizzierte Psychomechanik sicherlich ein wichtiger Grund dafür. Das Ich dankt ab, um das Super-Ich einzusetzen, das sich über allem erhaben glaubt. Es ist dann dieses Super-Ich, das die Reflexe der

Selbsterhaltung nicht einmal übergehen muss, da es sie gar nicht mehr gibt. Es wähnt sich vollkommen unversehrbar. Daraus mündet nicht nur eine unerschütterliche Gefühlskälte, sondern auch eine extrem eingeschränkte Wahrnehmung der Welt, zu der sich politische Blindheit gesellt.

Das Weltbild des Übermenschen ist zu hundert Prozent eine Projektion des Ich. Auch hier zeigt sich, dass erst der Empathieverlust die Derealisation überhaupt ermöglicht. Der Übermensch lebt ganz in der Abstraktion und hat damit auch jeden Kontakt zu seinem Menschsein, seinen anthropologischen Wurzeln, der Gemeinschaft anderer Menschen verloren. Damit ist auch sein Anker- und Eichpunkt vergessen, seine Orientierung aus eigener Kraft eingeschränkt. Während er sich übermächtig glaubt, wirkt sich eine Ohnmacht in ihm aus, die ihn mehr und mehr von ideologischen Leitfiguren abhängig macht. Der Übermensch stilisiert den Gehorsam zu Befehlstreue und Führerloyalität. In seiner eingebunkerten Schutzstellung nimmt er die Welt als schmalen Ausschnitt wahr, der gerade so groß ist, dass er seine Waffe auf sie richten, aber nicht selbst verletzt werden kann.

In der Gegenwart lässt sich dieser Solipsismus vielleicht am besten am Beispiel der „Bombe" beobachten. In den Anfängen der Nuklearaufrüstung, in den Jahrzehnten nach dem Zweiten Weltkrieg, gab es noch einen relativ großen Teil der Bevölkerung, der Angst vor dem kollektiven Untergang hatte, daraus keinen Hehl machte und auf die Straße ging, um seinen Protest zu bekunden. Mit der Zeit gewöhnte man sich jedoch an die Bedrohung, die man infolgedessen nicht mehr als solche wahrnahm. Dieses Gewöhnen war im Grunde nichts anderes als die allmähliche Ausbildung eines solchen Super-Ichs, das sich bald über die Maßen unverletzlich fühlte. Das mögliche Verhängnis konnte toleriert werden, weil eine omnipotente Selbstimago im Kollektivformat seine Beherrschung vorgab.

Obwohl die Menschheit inzwischen mit weit über zehntausend atomaren Sprengköpfen in den Arsenalen der

Militärs auf einem Pulverfass erster Ordnung sitzt – 4000 davon, hört man, sind sofort einsatzbereit –, richtet sie sich geradezu behaglich darauf ein, nicht weil sie sich davon strategisch geschützt fühlte, wie man ihr fleißig einredet, sondern weil sie in jene monströse Verfassung geriet, die sich durch Kälte, Abstraktion, fatalistische Gleichgültigkeit und Selbsthass auszeichnet. Innerhalb weniger Jahrzehnte hat sich die industrialisierte Weltgemeinschaft in eine Masse zynischer Hasardeure verwandelt, die *Russisches Roulette* einer planvollen bürgerlichen Lebensführung offenbar vorziehen.

Schlagen wir die Brücke zu den heute virulenten Zivilisationskrankheiten wie Depression, Narzissmus, Ernährungsstörungen, Suchtsyndromen usw., so beobachten wir hier einen ganz ähnlichen Zustand der fatalistischen Indolenz. Er vermittelt den Eindruck, als sei der Feind im Innern ein tolerabler, ja ein willkommener Gast, den man gerne bewirtet. Wir nähren also die Destruktivität in unseren eigenen Reihen, identifizieren uns mit einem Aggressor, der, unserer Selbstfeindschaft entwachsen, ein harmloser Teil von uns selbst zu sein scheint.

Auch hier wird also ein sozialer Organismus durch Selbstsabotage verhindert, so dass sich auf der Ebene des gesellschaftlichen Makrokosmos genau das abbildet, was den psychophysischen Mikrokosmos an einer gesunden Vitalverfassung hindert. Die Gesellschaft gibt sich, wonach sie verlangt, selbst wenn es der Tod ist.

Zu befürchten ist, dass dies nach einem anthropologischen Gesetz funktioniert, auf das die Kulturen unterschiedlich antworten. Wenn der Pyromane ein Teil der Feuerwehr ist, dann ist die Feuerwehr ein Teil des Pyromanen. Retter und Rächer umarmen sich zu einem symbiotischen Paar. Der Weltenbrand als apokalyptische Läuterung scheint kein Weltenbrand, sondern ein paradiesisch wärmendes Winterfeuer.

7.

Die Abschaffung des Schreckens

Als der dänische Dichter H. C. Andersen (1805-1875) das Märchen *Det Utroligste* („Das Unglaublichste“) schrieb, muss er geahnt haben, dass das menschenbestimmte Erdzeitalter, das wir heute vornehm „Anthropozän“ nennen, vor allem eines hervorbringt: die demiurgische Lust an der Zerstörung, die *nolens volens* auf Selbstzerstörung hinausläuft. Seiner Prognose (die eine Diagnose ist) liegt die Konstruktion einer Wahl zugrunde, die nämlich zwischen höchster Kulturleistung und Barbarei, man könnte auch sagen: zwischen Gestalt und Gewalt. Der Ausgang ist bemerkenswert, wenn man den *deus ex machina*, der Andersen zu Hilfe kommt, einmal wegdenkt. Da sind wir doch mitten in unserer Gegenwart mit ihren Krisen und Kriegen, mitten im Zwielicht der Demokratiedämmerung:

> *Derjenige, welcher das Unglaublichste tun konnte, sollte die Tochter des Königs und das halbe Reich haben. Die jungen Leute, ja selbst die Alten auch, strengten alle ihre Gedanken, Sehnen und Muskeln an. Einer aß so viel, daß er starb; zwei richteten sich durch Trinken zugrunde, um nach ihrem Geschmack das Unglaublichste zu leisten, aber nicht auf solche Weise sollte das geschehen. Kleine Straßenjungen übten sich darauf, sich selber auf den Rücken zu spucken; das sahen sie für das Unglaublichste an.*
>
> *An einem festgesetzten Tage sollte gezeigt werden, was ein jeder als das Unglaublichste leisten könne. Als Richter waren Knaben von drei Jahren bis zu Männern von neunzig Jahre bestellt. Es fand eine ganze Ausstellung der unglaublichsten Dinge statt, aber alle waren bald darüber einig, daß das Unglaublichste eine große Stubenuhr in einem Futteral sei, welche im Äußeren und Inneren merkwürdig ausgedacht war. Bei jedem Stundenschlage kamen lebendige Bilder zum Vorschein, welche die Zeit anzeigten, Es waren*

zwölf ganze Vorstellung mit beweglichen Figuren, mit Gesang und Rede. Das war das Unglaublichste, sagte das Volk.

Es schlug ein Uhr, und Moses stand am Berge und schrieb auf die Tafel des Gesetzes den ersten Glaubenssatz: „Es ist nur Ein einziger und wahrer Gott." Es schlug zwei Uhr, da zeigte sich der Garten des Paradieses, wo Adam und Eva sich fanden, glücklich beide, ohne auch nur einmal einen Kleiderschrank zu besitzen – aber den brauchten sie auch nicht. Mit dem Schlage drei erschienen die Heiligen Drei Könige, der eine kohlschwarz, aber dafür konnte er nichts, die Sonne hatte ihn geschwärzt. Sie kamen mit Räucherwerk und Kostbarkeiten. Mit dem Schlage vier kamen die Jahreszeiten; der Frühling mit einem Kuckuck auf einem grünen Buchenzweige, der Sommer mit einem Grashüpfer auf einer reifen Kornähre, der Herbst mit einem leeren Storchenneste, der Winter mit einer alten Krähe, welche Geschichten im Winkel hinter dem Ofen erzählen konnte, alte Sagen. Wenn es fünf Schlug, zeigten sich die fünf Sinne, das Gesicht als Brillenmacher, das Gehör als Kupferschmied, dem Geruche folgten Veilchen und Waldmeister, der Geschmack war ein Koch und das Gefühl ein Leichenbitter mit einem Trauerflor, welcher bis auf die Hacke herunterreichte. Die Uhr schlug sechs, da saß ein Spieler, er warf den Würfel, und der fiel so, daß sechs oben stand. Dann kamen die sieben Wochentage oder die sieben Todsünden – darüber waren die Leute sich nicht ganz einig. Sie gehörten zusammen und waren nicht leicht zu unterscheiden. Dann kam ein Chor Mönche und sang den Achtuhrsang. Dem Schlage neun folgten die neun Musen: eine war bei der Astronomie angestellt, eine bei dem historischen Archiv, die übrigen gehörten zum Theater. Mit dem Schlage zehn trat Moses wieder auf mit den zehn Gesetztafeln. Alle Gebote Gottes standen darauf, und deren waren zehn. Die Uhr schlug wieder, da hüpften und sprangen kleine Jungen und kleine Mädchen, welche ein Spiel spielten und dazu sangen: "Bro, bre, brille, die Uhr hat elf geschlagen!" Und das hatte sie geschlagen. Jetzt schlug es zwölf, und der Nachtwächter mit Mantel und Morgenstern trat vor und sang den Vers des alten Nachtwächterliedes:

Es war um die Stunde der Mitternacht
da ward der Erlöser geboren.

Und während er sang, wuchsen Rosen, und die wurden Engelsköpfe, welche von regenbogenfarbigen Flügeln getragen wurden. Das war lieblich zu hören, schön zu sehen. Das Ganze war ein unvergleichliches Kunstwerk, das Unglaublichste, sagten alle Menschen. Der Künstler war ein junger Mann, er war herzensgut, fröhlich wie ein Kind, seinen armen Eltern hilfreich, er verdiente die Prinzessin und das halbe Reich.

Der Tag der Entscheidung war gekommen, die ganze Stadt war im Festkleide, und die Prinzessin saß auf dem Throne des Landes, welcher neu gepolstert, aber dadurch doch nicht bequemer und behaglicher geworden war. Die Richter ringsumher blickten pfiffig auf den mutmaßlichen Sieger, welcher froh und freudig dastand, hatte er doch das Unglaublichste geleistet.

„Nein, das will ich jetzt tun!" rief in eben diesem Augenblick ein langer starkknochiger kräftiger Mann. „Ich bin der Mann für das Unglaublichste!" Und damit schwang er eine große Axt gegen das Kunstwerk. Krick, krack, krick! Da lag das ganze. Räder und Federn flogen ringsumher, alles war zertrümmert.

„Das konnte ich tun", sagte der Mann, „mein Tun hat sein Werk geschlagen und euch alle geschlagen. Ich habe das Unglaublichste getan!"

„Ja, solch ein Kunstwerk zertrümmern!" sagten die Richter. „Ja, das ist das Unglaublichste!" Das ganze Volk sagte dasselbe, und so sollte er denn die Prinzessin und das halbe Reich haben, denn ein Wort ist ein Wort, wenn es auch das Unglaublichste ist.

Nun wurde von den Mauern und allen Türmen der Stadt geblasen: „Die Hochzeitsfeier beginnt!" Die Prinzessin war durchaus nicht erfreut darüber, aber lieblich anzuschauen war sie und kostbar gekleidet. Die Kirche erglänzte von Lichtern, spät am Abend, das nimmt sich am besten aus. Die adligen Jungfrauen der Stadt sangen und führten die Prinzessin, die Ritter sangen und führten den Bräutigam, der sich blähte und stolzierte, als wenn er gar nicht abbrechen könnte. Jetzt verstummte der Gesang. Es ward so stille, daß man hätte eine Nadel zur Erde fallen hören können, aber plötzlich folg mit Lärm und Krachen die großen Kirchentür auf, und bum! bum! da marschierte das ganze Uhrwerk herein in den Kirchengang und stellte sich zwischen Braut und Bräutigam auf. Tote Menschen können nicht wieder gehen, das wissen wir recht gut, aber ein Kunstwerk kann wieder gehen, der Körper war zertrümmert, aber nicht der Geist; der Kunstgeist spukte, und das war kein Spaß.

Leibhaftig stand das Kunstwerk da, als wäre es ganz und unberührt. Die Stunden schlugen, eine nach der andern, bis zur zwölften Stunde, und da wimmelten die Gestalten hervor, zuerst Moses, auf dessen Stirn eine Flamme glänzte; er warf die schweren steinernen Gesetztafeln dem Bräutigam auf die Füße, welche er an den Fußboden der Kirche fesselte.

„Ich kann sie nicht wieder aufheben!" sagte Moses. „Du hast mir den Arm abgeschlagen. Stehe denn, wo du stehst!"

Jetzt kamen Adam und Eva, die Weisen vom Morgenlande und die vier Jahreszeiten, jeder sagte ihm unangenehme Wahrheiten: „Schäme dich!" Aber er schämte sich nicht.

Alle die Gestalten, welche jeder Glockenschlag aufzuzeigen hatte, traten aus dem Uhrwerk heraus, und alle wuchsen zu einer bedenklichen Größe, es war fast, als wenn für wirkliche Menschen kein Platz übrigbleibe. Und als mit dem zwölften Schlage der Wächter hervortrat mit Mantel und Morgenstern, entstand eine eigentümliche Unruhe: der Wächter ging gerade auf den Bräutigam zu und schlug ihn mit dem Morgenstern vor die Stirn.

„Liege da!" sagte er, „Leiche für Leiche. Wir sind gerächt und unser Meister mit uns! Wir verschwinden!"

Und das ganze Kunstwerk verschwand, aber die Lichter rings in der Kirche wurden zu großen Lichtblumen, und die vergoldeten Sterne dort unter der Wölbung sandten lange Strahlen herab. Die Orgel klang von selber. Alle Menschen sagten, das sei das Unglaublichste, was sie je erlebt hätten.

„Wollen Sie dann den Rechten rufen?" sagte die Prinzessin. „Er, der das Kunstwerk gemacht hat, soll mein Ehegatte und Herr sein!"

Und er stand in der Kirche, und sein Gefolge war das ganze Volk! Alle freuten sich, alle segneten ihn. Nicht ein Neider war da – ja, das war das Unglaublichste! (1976)

Viel ist über „das Böse“ geredet und geschrieben worden, lange Zeit in dem Bemühen, es aus der Menschengemeinschaft zu expatriieren, als sei es dort nicht eigentlich zu Hause. Noch heute gebrauchen wir dafür falsche Metaphern, die wir der Tierwelt entnehmen. Rudyard Kiplings „law of the jungle“ musste für Menschenverachtendes herhalten, ebenso „Raubtiere“ aller Art, ja sogar das friedliche Hausschwein.

An Versuchen auch noch das abscheulichste Verhalten unter Menschen den Tieren anzuhängen, mangelt es nicht. Die Unterstellung von „Animalität“ bei Menschen ist also einerseits ein Pleonasmus (und eine Plattitüde), andererseits eine Beleidigung der nicht-humanen Spezies auf dem Planeten. Das, worauf wir als Primatenart gewöhnlich stolz sind (oder zumindest einst stolz waren), den sog. Verstand, macht uns zu Verrätern an der Natur, zu Außenseitern allermindestens. Der Mensch kann „nein“ sagen und damit Positives negieren; er kann die Wahrheit vortäuschen, worin ihm einige andere Primaten, wenngleich harmlos, nicht nachstehen. Er kann aber vor allem denken – und das heißt auch, er kann sich auf falsche Annahmen stützen und sich über das Leben, die Wahrheit, die Natur erheben.

In einer Welt, in der es Lebewesen mit gleich mehreren Köpfen gibt (die auch noch nachwachsen können), ist das Leben eine einzige Odyssee. Wir stellen uns die Hydren als mehrköpfige Ungeheuer vor und tun recht daran, insofern wir damit niemand anderen als uns selbst meinen. Die Götterwelt, die uns vorschwebt – sie ist nichts anderes als das Abziehbild unseres Geistes, der sich in ihr zu porträtieren sucht. Die großen Buchreligionen sind dann der Versuch, die Vielfalt des Denkbaren ein wenig zu reduzieren. Dabei soll dann die Stimme der Natur wieder zu Wort kommen, wenn auch nur als verzweifelter Nachtrag, als Verlustrechnung, die wir zu bezahlen haben, als Erinnerung (und bestenfalls Gutmachung) unserer Schulden.

Erlöserfiguren wie Jesus von Nazareth helfen gewissermaßen bei der Umschuldung oder beim Schuldenerlass.

Sie sind das religiöse „care-free"-Paket, da sie den eingestandenen Totalverlust auf eigene Rechnung übernehmen. Und auch wenn sie damit eine Brücke zurück zur Natur bauen, sind sie doch nur Gedankengebilde und damit Ausfluss unserer Verschuldung und bestenfalls (späten) Reue. Vielleicht kann man die Buchreligionen als den hoffnungslosesten Versuch bezeichnen, den Weg aus der Schuld zur Chefsache zu machen und – nachdem alle Straßen bereits gebaut sind – den Planeten noch einmal umzupflügen und neu zu kartographieren.

Aber das Paradies ist kein Garten, sondern prähistorische Wildnis vor vielleicht hundert-, zweihunderttausend Jahren, sprich Dschungel, Wüste, Tundra oder Gletschereis. „Eden" ist keine Option, so wenig es je eine war, und zwar nicht nur, weil es einen solchen „Garten" nie gegeben hat – gelegentlich steht der Süden der Arabischen Halbinsel im heutigen Jemen unter Verdacht, aber auch das ist eine Region und kein Garten –, sondern weil Fiktionen der Wiederbringlichkeit wahre Unglücksbringer sind. Sobald wir „Eden" sagen, gehen wir in die nächste Vernichtungsrunde, da mit der falschen Vorstellung von Naturglück die *Unglücksnatur* des Menschen zum Vorschein kommt. In der Tat sind wir mit unserer Reflektiertheit (der Fähigkeit, unser Spiegelbild zu bewundern) zum Wortstreit mit uns selbst über die intelligenteste Dummheit verflucht, der dann auch mit der intelligentesten Dummheit endet.

Die Massenpsychologen können ein Lied davon singen: Nichts imponiert *mehr* und nichts verführt *mehr* zur Zustimmung als demonstrative Gewalt. Jener Gewaltmensch, den Andersen im Jahr 1870 zeichnet, ist ein Populist, der um den Zusammenhang von Demagogie und Omniphobie, auch Panphobie genannt, weiß. Nur wer Furcht hat, lässt sich beherrschen. Je größer die allgemeine Lebensangst, um so leichteres Spiel hat der Demagoge, sein Volk zu verführen. Kann die Lebensangst zu Hostilität umgemünzt werden, gelingt die Verführung perfekt, so perfekt, dass die Verführten hilflos im Netz zappeln.

Der Augenblick der Hilflosigkeit ist aber immer der Augenblick der demagogischen „Rettung". Denn nunmehr wird aus dem „Menschenfischer" ein Rattenfänger. Und wer gefangen ist, fühlt sich frei – frei von Verantwortung, Umsicht und Rücksichtnahme, frei von der Qual der Wahl, der Bürde des Subjektseins, des Alleinseins, der Krankheit und Schwäche des Individualismus. Mit dieser neuen Freiheit verbunden ist die Illusion der Stärke, die den „alten Menschen" abstreift und Verjüngung, Rehabilitierung, Auferstehung feiert.

Das beantwortet uns auch die Frage, warum und wozu der Demagoge das Volk verführt und warum und wozu dieses sich verführen lässt. Auch wenn es widersinnig klingt: Demagogie ist nichts anderes als eine Verführung zur *Macht des Volkes.* Da der demagogische Führer durch Gewaltdemonstrationen die Mittel aufzeigt, wie man Schwäche durch Stärke überwindet, wächst zwar die allgemeine Paranoia (und mit ihr die Hostilität, etwa als Minoritätenhass, Rassismus oder Feindfiktion), doch damit auch das Machtgefühl, die Illusion der Stärke. Der Faschismus verstärkt diese Illusion durch die Beschwörung einer solidarischen Volkseinheit, die er alsbald zum unbesiegbaren Machtblock umdeutet. Er nützt sie psychologisch und administrativ aus, indem er jedem Einzelnen eine Zahnradfunktion in diesem Mechanismus zuweist, ihn also beispielsweise zum Blockwartdenunzianten macht und so seine unbedingte Servilität erkauft. Nur wer sich bewährt, kann es „zu etwas bringen". Und wer es zu etwas gebracht hat, muss sich weiter und weiter unterwerfen. Das Maß an Dienstbarkeit wächst proportional zur Höhe der hierarchischen Position. Je höher also der Rang, umso mehr Verfügbarkeit wird abverlangt – bis zum sprichwörtlichen Kadavergehorsam (z.B. eines Adolf Eichmann).

Bei Licht besehen, ist dies die vielleicht infamste Art der ‚freiwilligen' Unterwerfung, weil sie als persönliche Betrauung mit Macht daherkommt, während sie doch Kontrollverlust und Entmündigung bedeutet. Der Unterworfene fühlt sich nicht etwa unterworfen, sondern gestützt, erhöht, befördert, ausgezeichnet, in die *Pflicht* genommen. Die höchste Auszeichnung, so sehr sie die Totalunterwerfung bedeutet, geht mit höchsten Machtbefugnissen einher. So kaschiert der demagogische Führer seinen unumschränkten Autokratismus, der seine Erfüllungsgehilfen zu besseren Leibeigenen macht (die er Kameraden oder Genossen nennt). Im Staat haben dann alle und keiner die Macht außer dem *Einen* und alle können sich als kleine Diktatoren fühlen, während sie doch das verführte Heer der Untertanen bilden. Am Ende gilt die Formel: So wie der Diktator den Untertanen braucht, so braucht der Untertan den Diktator.

Andersens Märchen ist somit eine Staatsparabel, die nicht nur vor Demagogen warnt, sondern die Verführung zur Unmündigkeit, zum Untertanentum, zur verkauften Freiheit veranschaulicht. Das Märchen erinnert an Äsops Fabel von den Fröschen, die nach einem König verlangen. In der Kurzfassung von Lessing:

> Zeus hatte nunmehr den Fröschen einen anderen König gegeben; anstatt eines friedlichen Klotzes eine gefräßige Wasserschlange. „Willst du unser König sein", schrien die Frösche, „warum verschlingst du uns?" – „Darum", antwortete die Schlange, „weil ihr um mich gebeten habt." – „Ich habe nicht um dich gebeten!" rief einer von den Fröschen, den sie schon mit den Augen verschlang. – „Nicht?" sagte die Wasserschlange. „Desto schlimmer! So muß ich dich verschlingen, weil du nicht um mich gebeten hast."

Dass es bei Andersen dann in letzter Minute doch das Kunstwerk selbst ist, das seine Zerstörung durch den Kraftmenschen rächt, indem es sich beseelt und den wahren Sieger ins Recht setzt, ist eine Wendung, die das Märchen zum Märchen macht. Hier soll alles noch einmal gut ausgehen und die Vernunft triumphieren. Eine humane

Weltordnung ohne den *deus ex machina* scheint schier nicht denkbar.

Die Wirklichkeit der Welt sieht hingegen anders aus. Hier regiert allzu oft das Kurzsichtig-Irrationale und damit die evolutionsgeschichtlich älteren Schichten des Bewusstseins. Emotionen wie Angst sind deshalb die schlechteren Ratgeber, weil sie das planende, umsichtige Denken aussetzen – bis es zu spät ist. Wem die Furcht im Nacken sitzt, der begeht die absurdesten Handlungen einfach deshalb, weil er sich auf Reflexe und Affekte verlässt, die ihm nützen, aber ebenso gut in der Eile schaden können. Kopflosigkeit ist ein Zustand, der nach wegweisender Autorität verlangt. Die Lemminge, eine Wühlmausart der arktischen Tundren, sind ein gern zitiertes Beispiel für Massenhysterie und Massenwahn, aber nicht einmal die Lemminge geraten freiwillig in eine Situation des kollektiven Untergangs.

Das Märchen also lässt zwar die Verführung zum Massengrößenwahn zu, schafft auch ein *fait accompli,* bietet dann aber die Chance zur Revision. In der Tragödie des Menschengeists, der hinter die Zivilisation zurück will und dort nicht das Paradies, sondern das Nichts findet, hat das keine Entsprechung. Es ist so, als wäre die Zerstörung die Bestimmung des babylonischen Turmbaus, der einst mit der Vision einer Himmelsleiter begann. Arbeitet unser Geist mit zunehmender Entwicklung an seiner „Abwicklung"?

Es war Friedrich Schiller, der darauf setzte, dass ausgerechnet der menschliche Geist dereinst die Naturinnigkeit ersetzen könne – nicht nur ein Irrtum, über den auch die schönste Dialektik nicht hinwegtäuschen konnte, sondern eine gefährliche Fiktion! Der „Geist" als eine Art Natursurrogat oder -äquivalent ist ein Paradox, da er früher oder später demiurgische Züge entwickelt, die sich gegen die Natur und damit auch gegen sich selbst richtet. Rousseau war da weit skeptischer, wenn er den idealen Bürger seines

Contract social für eine schöne, aber wohl utopische Vorstellung hielt.

Denn das Problem ist nicht, dass das idealische Elysium nicht an Arkadien, also den Naturzustand, heranreicht oder dass – mit Worten aus Hölderlins *Hyperion* – am Ende nicht „Ideal wird, was Natur war", sondern dass der Geist sich unendlich selbst bespiegelt und dabei idolatrisch erhöht. Jedes Ideal wird so irgendwann zum Götterbild, dessen Anbetung uns zur Selbstbeweihräucherung führt, zum Götzendienst an uns selbst. Wenn wir als Spezies einst scheitern werden, dann deshalb, weil uns das falsche Bild unserer selbst die Unsterblichkeit eines Gottes verspricht.

Dass Idealismus somit ein Potenzial zum Bösen birgt, ist bekannt. Dabei dachte man aber vor allem an politische oder religiöse Hirngespinste wie z.B. den Rassenpurismus oder den missionarischen Fundamentalismus. Dass aber auch der „gute" Idealismus, wie er z.B. im Humanismus steckt, destruktiv wird, schien weniger plausibel. Dabei ist auch er auf Unglück angelegt, während er sich für einen ultimativen Glücksbringer hält. Psychische Pathologien wie z.B. narzisstische Größenfantasien stecken in jeder Form des Idealismus, der gerade deshalb die Menschen anspricht. Als ihre Kehrseite gehen sie mit Apokalypsen einher. Wenn das Ego scheitert, geht buchstäblich die Welt unter.

Man kann es im Fall der Eden-Fantasien auch einfacher sagen: Es gab und gibt kein „retour à la nature". Es gibt nur *homo sapiens* und dessen Evolution, die zwar problematisch, aber unwiderruflich ist. Eine Spezies mutiert nicht zurück. Wenn der Idealismus à la Schiller oder Hölderlin den eloquenten oder gar „graziösen" Neandertaler wollte, dann sind wir froh, dass es den wenigstens nie gegeben hat.

Aber wir können nicht sicher sein, dass wir uns eines Tages fundamentaler denn je mit einer Illusion der Unsterblichkeit betrügen, welche alles Leben auf dem Planeten zu einer *quantité négligeable* macht. Bei diesem *rein geistigen Spiel* – ein Exzess der Mentalisierung – verlieren wir, aber nicht nur wir, alles.

„Das Böse“, schreibt Jorge Semprun, „ist weder Ergebnis noch Restbestand der Animalität des Menschen: es ist ein geistiges Phänomen, der Menschlichkeit des Menschen immanent. Aber das Gute ist es ebenso.“ (1994)

Arbeitsbibliothek

Adorno, Theodor W. (2003): Kulturkritik und Gesellschaft I. Prismen. Ohne Leitbild. Frankfurt/M. (Suhrkamp).

Agamben, Giorgio (2001): Kindheit und Geschichte. Zerstörung der Erfahrung und Ursprung der Geschichte. Frankfurt/M. (Suhrkamp).

Anders, Günther (1961): Maschinelle Infantilisierung. In: Merkur 15/7 (1961), 627-635.

– (1987): Die Antiquiertheit des Menschen. Band 1: Über die Seele im Zeitalter der zweiten industriellen Revolution. München (C.H. Beck).

– (2018): Die Antiquiertheit des Menschen. Band 2: Über die Zerstörung des Lebens im Zeitalter der dritten industriellen Revolution. München (C.H. Beck).

Andersen, Hans Christian (1976): Andersens Märchen. Bayreuth (Gondrom).

Arendt, Hannah (1994): Zwischen Vergangenheit und Zukunft. Übungen im politischen Denken Bd. 1. Hg. von Ursula Ludz. München u.a. (Piper).

– (2009): Elemente und Ursprünge totaler Herrschaft. Antisemitismus, Imperialismus, totale Herrschaft. München (Piper).

– (2018): Die Freiheit, frei zu sein. München (dtv).

Armstrong, Karen (2007): Eine kurze Geschichte des Mythos. München (dtv).

Baudrillard, Jean (2009): Der symbolische Tausch und der Tod. Berlin (Matthes & Seitz).

– (2015 [1970]): Die Konsumgesellschaft. Ihre Mythen, ihre Strukturen. Hg. von Kai-Uwe Hellmann und Dominik Schrage. Berlin (Springer).

Beck, Ulrich (Hrsg.)(1998): Perspektiven der Weltgesellschaft. Frankfurt/M. (Suhrkamp).

Benjamin, Walter (1991): Gesammelte Schriften. Hg. von Rolf Tiedemann und Hermann Schweppenhäuser. 12 Bde. Frankfurt/M. (Suhrkamp).

Bessard, Pierre; Hoffmann, Christian (Hrsg.) (2016): Sackgasse Sozialstaat. Alternativen zu einem Irrweg. Zürich (Liberales Institut).

Blumenberg, Hans (2006): Arbeit am Mythos. Frankfurt/M. (Suhrkamp).

Bolt, Jutta et al. (2018): Rebasing 'Maddison'. New Income Comparisons and the Shape of Long-Run Economic Development. Groningen (University of Groningen; GGDC Research Memorandum 174).

Bourdieu, Pierre (1980): Le sens pratique. Paris (Minuit).

– (2004): Der Staatsadel. Konstanz (UVK).

– (2005): Die männliche Herrschaft. Frankfurt/M. (Suhrkamp).

Büchner, Georg (1999): Sämtliche Werke. Briefe und Dokumente in zwei Bänden. Hg. von Henri Poschmann. Frankfurt/M. (Deutscher Klassiker Verlag).

Burrough, William S. (1970): Los Angeles Free Press, 6.3.1970.

Conard, Nicholas; Kind, Claus-Joachim (2017): Als der Mensch die Kunst erfand. Eiszeithöhlen der Schwäbischen Alb. Darmstadt (Theiss).

Dahrendorf, Ralf (1997): An der Schwelle zum autoritären Jahrhundert. Die Globalisierung und ihre sozialen Folgen werden zur nächsten Herausforderung einer Politik der Freiheit. In: Die Zeit v. 14.11.1997, 14-15.

– (1998): Anmerkungen zur Globalisierung. In: Beck 1998, 41-54.

– (2007): Auf der Suche nach einer neuen Ordnung. Vorlesungen zur Politik der Freiheit im 21. Jahrhundert. München (C.H. Beck).

Deleuze, Gilles; Guattari, Félix (1977): Anti-Ödipus. Frankfurt/M. (Suhrkamp).

Demsetz, Harold (1969): Information and Efficiency. Another Viewpoint. In: The Journal of Law & Economics. April 1969, 1-2.

Depenheuer, Otto (1994): Setzt Demokratie Wohlstand voraus? In: Der Staat 3/94. https:// about.jstor.org [Abruf 28.8.22]

Dostojewski, Fjodor (1864): Aufzeichnungen aus dem Kellerloch. https://pdfcoffee.com/aufzeichnungen-aus-dem-kellerloch-fjodor-dostojewski-1864-pdf-free.html [Abruf 07/2021].

Durkheim, Émile (1990 [1897]): Der Selbstmord. Frankfurt/M. (Suhrkamp).

Ehrenberg, Alain (1998): La Fatigue d'être soi. Paris (Odile Jacob).

– (2008): Das erschöpfte Selbst. Depression und Gesellschaft in der Gegenwart. Frankfurt/M. (Suhrkamp).

Eliade, Mircea (1978): Geschichte der religiösen Ideen. Bd. 1: Von der Steinzeit bis zu den Mysterien von Eleusis. Freiburg u.a. (Herder).

Elias, Norbert (1997): Über den Prozeß der Zivilisation. Zwei Bände. Frankfurt/M. (Suhrkamp).

Ferenczi, I. (1929): International Migration Statistics. International Migrations. Bd. 1. Statistics.

Földényi, Lázló (1999): Der frühe Tod der Romantiker. In: Walther 1999, 143-163.

Forsthoff, Ernst (Hrsg.) (1968): Rechtsstaatlichkeit und Sozialstaatlichkeit. Aufsätze und Essays. Darmstadt (Wiss. Buchgesellschaft).

Freud, Sigmund (1997): Studienausgabe in 10 Bdn. mit einem Ergänzungsband. Hg. von Alexander Mitscherlich et al. Frankfurt/M. (S. Fischer).

Fromm, Erich (1936): Studien über Autorität und Familie. Sozialpsychologischer Teil. In: Ders.: Gesamtausgabe. Bd. 1. Stuttgart (Deutsche Verlags-Anstalt), 139-187.

– (1974): Anatomie der menschlichen Destruktivität. Stuttgart (Deutsche Verlags-Anstalt).

Fuchs, Thomas et al. (Hrsg.) (2018): Das überforderte Subjekt. Zeitdiagnosen einer beschleunigten Gesellschaft. Berlin (Suhrkamp).

Fukuyama, Francis (1992): Das Ende der Geschichte. Wo stehen wir? München (Kindler).

Gandhi, Mahatma (1958): All Men Are Brothers. Life and Thoughts of Mahatma Gandhi As Told in His Own Words. Compiled and Edited by Krishna Kripalani. Centennial Reprint. Switzerland (UNESCO).

Gartner, Hermann; Hutter, Christian; Weber, Enzo (2021): Große Rezession und Corona-Krise. Wie der Arbeitsmarkt zwei sehr unterschiedliche Krisen bewältigt. IAB-Kurzbericht Nr. 27.

Gehlen, Arnold (1967 [1957]): Die Seele im technischen Zeitalter. Sozialpsychologische Probleme in der industriellen Gesellschaft. Reinbek bei Hamburg (Rowohlt).

– (1993 [1963]): Anthropologische und sozialpsychologische Untersuchungen. Reinbek bei Hamburg (Rowohlt).

Geiselberger, Heinrich (Hrsg.) (2017): Die große Regression. Eine internationale Debatte über die geistige Situation der Zeit. Berlin (Suhrkamp).

Goethe, Johann Wolfgang von (1812): Brief an Zelter. In: Goethes Werke. Herausgegeben im Auftrag der Großherzogin Sophie von Sachsen. IV. Abteilung: Goethes Briefe, Bd. 1–50, Weimar 1887–1912. Hier: Band 23, 185.

– (1964): Hamburger Ausgabe in vier Bänden. Textkritisch durchgesehen und mit Anmerkungen versehen von Karl Robert Mandelkow. Hamburg (Wegner).

– (1993): Italienische Reise. 2 Bde. Hg. von Christoph Michel und Hans-Georg Dewitz. Frankfurt/M. (Deutscher Klassiker Verlag).

Gould, J. D. (1980): European inter-continental emigration. The road home: return migration from the USA.

In: Journal of European Economic History, 9(1), 41-112.

Graeber, David (2022): Schulden. Die ersten 5000 Jahre. Stuttgart (Klett-Cotta).

– ; Wengrow, David (2022): Anfänge. Eine neue Geschichte der Menschheit. Stuttgart (Klett-Cotta).

Grant, O. (2003): Globalisation versus de-coupling: German emigration and the evolution of the Atlantic labour market 1870-1913. Explorations in Economic History, 40(4), 387-418.

Green, André (1990): La folie privée. Psychoanalyse des cas-limites. Paris (Gallimard).

Grimm, Jacob und Wilhelm (1812): Kinder- und Haus-Märchen. Gesammelt durch die Brüder Grimm. Berlin (Realschulbuchhandlung).

– (1815): Kinder- und Haus-Märchen. Gesammelt durch die Brüder Grimm. Zweiter Band. Berlin (Realschulbuchhandlung).

Guéhenno, Jean-Marie (1994): Das Ende der Demokratie. München und Zürich (Artemis Winkler).

Han, Byung-Chul (2010): Müdigkeitsgesellschaft. Berlin (Matthes & Seitz).

Hatton, T. J.; Williamson, J. G. (1994): Migration and the international labor market, 1850-1939. London / New York.

Heinze, Rolf G.; Schupp, Jürgen (2022): Grundeinkommen. Von der Vision zur schleichenden sozialstaatlichen Transformation. Wiesbaden (Springer).

Heise, Hans-Jürgen (2013): Der Spiegel 48/1, 12/2013.

Heitmeyer, Wilhelm (2018): Autoritäre Versuchungen. Signaturen der Bedrohung I. Berlin (Suhrkamp).

– (2020): In der Krise wächst das Autoritäre. Interview mit Christian Bangel. In: Zeit online v. 13.04.2020.

Hillenkamp, Sven (2016): Negative Moderne. Strukturen der Freiheit und der Sturz ins Nichts. Stuttgart (Klett-Cotta).

Hobbes, Thomas (1966 [1651]). Leviathan. Oder Stoff, Form und Gewalt eines kirchlichen und bürgerlichen Staates. Frankfurt/M. (Suhrkamp).

Hoddis, Jakob van (1974 [1911]): Weltende. In: Kurt Pinthus (Hrsg.) (1974): Menschheitsdämmerung. Ein Dokument des Expressionismus. Hamburg (Rowohlt), 39.

Horkheimer, Max (1936): Autorität und Familie. In: Ders.: Gesammelte Schriften. Bd. 3. Frankfurt/M. (Fischer), 336-417.

– ; Adorno, Theodor W. (2008 [1947]): Dialektik der Aufklärung. Philosophische Fragmente. Frankfurt/M. (Fischer).

Huizinga, Johan (1948 [1935/1943]): Schriften zur Zeitkritik [Im Schatten von morgen – Geschändete Welt]. Zürich/Brüssel (Occident/ Pantheon).

– (1987 [1938]): Homo Ludens. Vom Ursprung der Kultur im Spiel. Reinbek bei Hamburg (Rowohlt).

Kant, Immanuel (1784): Beantwortung der Frage: Was ist Aufklärung? In: Berlinische Monatsschrift 12/1784, 481-494. Zit. n. Kant 1999, 20-22.

– (1974 [1785]): Kritik der praktischen Vernunft. Grundlegung zur Metaphysik der Sitten. Werkausgabe. Band VII. Frankfurt/M. (Suhrkamp).

– (1999): Was ist Aufklärung? Ausgewählte kleine Schriften. Hg. von Horst D. Brandt. Hamburg (Meiner).

– (2006 [1833]): Anthropologie in pragmatischer Hinsicht. 4e Orig.-Ausg. Digitalisiert v. Oxford University.

Kersting, Wolfgang (2002): Jean-Jacques Rousseaus „Gesellschaftsvertrag“. Darmstadt (Wiss. Buchgesellschaft).

Kleist, Heinrich von (1993): Sämtliche Werke und Briefe. 2 Bde. Hg. von Helmut Sembdner. Neunte, vermehrte und revidierte Auflage. München (Hanser).

Koler, Peter (2014): Rausch und Identität. Jugendliche in Alkoholszenen. Brixener Studien zur Sozialpolitik und Sozialwissenschaft. Bozen (Bozen University Press).
Kolping, Adolph (1857): Rheinische Volksblätter für Haus, Familie und Handwerk. 4. Jahrgang.
Krüger, Stephan (2017): Soziale Ungleichheit. Private Vermögensbildung, sozialstaatliche Umverteilung und Klassenstruktur. Hamburg (VSA).
Lasch, Christopher (1979): The Culture of Narcissism. American Life in an Age of Diminishing Expectations. New York (Norton).
Leakey, Richard E. (1981): Die Suche nach dem Menschen. Wie wir wurden, was wir sind [The Making of Mankind]. Frankfurt/M. (Umschau).
Leibniz, Gottfried Wilhelm (1996): Philosophische Werke in vier Bänden. Hg. von Ernst Cassirer. Hamburg (Felix Meiner Verlag).
Lenz, Jakob Michael Reinhold (2005): Werke und Briefe in drei Bänden. Hg. Von Sigrid Damm. Frankfurt/M. und Leipzig (Insel).
Leopardi, Giacomo (2014 [1823]): Zibaldone di Pensieri. Rom (Feltrinelli).
Lewis-Williams, David (2002): The Mind in the Cave. Consciousness and the Origins of Art. London (Thames & Hudson).
– (2010): Conceiving God. The Cognitive Origin and Evolution of Religion. London (Thames & Hudson).
Lütcke, Karl-Heinrich (1968): „Auctoritas“ bei Augustin. Stuttgart (Kohlhammer).
Maddison, Angus (2006): The World Economy. Historical Statistics. Paris (Organisation for Economic Cooperation and Development).
Monier-Williams, Monier (1899): A Sanskrit-English dictionary. Etymologically and philologically arranged with special reference to Cognate indo-european languages. Oxfor (The Clarendon Press).

Montaigne, Michel de (1992 [1754): Die Essays. Übersetzt von Johann Daniel Tietz. Neuausgabe. Zürich (Diogenes).
Montesquieu, Charles de (1992): Vom Geist der Gesetze. Übersetzt und hg. von Ernst Forsthoff. 2 Bde. Tübingen (Mohr/ Siebeck).
Nachtwey, Oliver (2016): Die Abstiegsgesellschaft. Über das Aufbegehren in der regressiven Moderne. Berlin (Suhrkamp).
Oberlin, Gerhard (2021): Die Welt im Rausch. Vom Feiern und Festen. Würzburg (Königshausen & Neumann).
Paine, Thomas (1995 [1776]): The Crisis. London (Penguin).
Piaget, Jean (1976): Hommage à Jean Piaget zum achtzigsten Geburtstag. Stuttgart (Klett).
Pocai, Romano (1992): Zwischen Differenz und Indifferenz des Affektiven. Eine Interpretation von Georg Büchners „Lenz". In: Hattstein, Markus et al. (Hrsg.) (1992): Erfahrungen der Negativität. Festschrift für Michael Theunissen zum 60. Geburtstag. Hildesheim etc. (Georg Olms), 331-354.
Precht, Richard David (2012): Die Kunst, kein Egoist zu sein. Warum wir gerne gut sein wollen und was uns davon abhält. München (Goldmann).
Reckwitz, Andreas (2017): Die Gesellschaft der Singularitäten. Zum Strukturwandel der Moderne. Berlin (Suhrkamp).
– (2019): Das Ende der Illusionen. Politik, Ökonomie und Kultur in der Spätmoderne. Berlin (Suhrkamp).
Richter, Dieter (1989): Schlaraffenland. Geschichte einer populären Phantasie. Frankfurt/M. (Hain; Athenäum).
Roberts, Alice (2011): Die Anfänge der Menschheit. Vom aufrechten Gang bis zu den frühen Hochkulturen. London et al. (Dorling Kindersley).
Rousseau, Jean-Jacques (1964): Abhandlung über die politische Ökonomie. In: Du Contract social. Écrits poli-

tiques. Oeuvres complètes de Jean-Jacques Rousseau. Bd. 3. Paris (Gallimard).

Schulz, Caroline (1837): Bericht über Krankheit und Tod für die Eltern Büchners in Darmstadt; Zürich um Ende Februar 1837. http://www. Buechnerportal.de/ dokumente/textdokumente/lz-4270 [Abruf 05/2020].

Schwan, Gesine (2005): Montesquieu und die Stabilität der deutschen Demokratie. In: Etienne François und Effi Böhlke (Hrsg): Montesquieu: Franzose – Europäer – Weltbürger. Berlin (Akademie Verlag), 73-82.

Semprun, Jorge (1994): Das Böse und die Humanität. Frankfurter Rundschau v. 8. Okt. 1994.

Sheldon, Georg (2010): Der Schweizer Arbeitsmarkt seit 1920. Langfristige Tendenzen. In: Die Volkswirtschaft 1/2-2010, 15-19.

Shneidman, Edwin (1988): Es gibt Besseres als den Tod. In: Psychologie heute, 15/3, 28-31.

Sloterdijk, Peter (1993): Weltfremdheit. Frankfurt/M. (Suhrkamp).

– (2011): Du mußt dein Leben ändern. Über Anthropotechnik. Frankfurt/M. (Suhrkamp).

– (2014): Die schrecklichen Kinder der Neuzeit. Über das anti-genealogische Experiment der Moderne. Berlin (Suhrkamp).

Spengler, Oswald (2011 [1923]): Der Untergang des Abendlandes. Umrisse einer Morphologie der Weltgeschichte. Mannheim (Albatros).

Stenner, Karen (2010): The Authoritarian Dynamic. Cambridge, New York (Cambridge University Press).

Straßenberger, Grit (2014): Autorität in der Demokratie. Zur republikanischen Rezeption des römischen auctoritas-Konzepts bei Hannah Arendt. In: ZPTh, Jg. 5, Heft 1/2014, 67-82.

Sunde, Uwe (2006): Wirtschaftliche Entwicklung und Demokratie: Ist Demokratie ein Wohlstandsmotor oder ein Wohlstandsprodukt? In: IZA DP No. 2244. Bonn (Institute for the Study of Labor).

SZ (2022): https://www.sueddeutsche.de/projekte/artikel/politik/suisse-secrets-die-heiklen-kunden-der-schweizer-grossbank-e903600/?reduced=true [Abruf 02/2022].

Taylor, Charles (1996): Quellen des Selbst. Die Entstehung der neuzeitlichen Identität. Frankfurt/M. (Suhrkamp).

Thome, Helmut (2016): Zur Normalität von Anomie in funktional differenzierten Gesellschaften. In: Zeitschrift für Soziologie 45(4), 261-280.

Tocqueville, Alexis (1976 [1840]): Über die Demokratie in Amerika. München (dtv).

Voltaire (1877): Œuvres complètes de Voltaire. 50 Bde. Bd. 10: Poésie. Paris (Garnier). https://fr.wikisource.org/wiki/Œuvres_complètes_de_Voltaire [Abruf 03/2022].

Walther, Lutz (Hrsg.) (1999): Melancholie. Leipzig (Reclam).

Weber, Enzo (2020): Jobs retten oder Stillstand finanzieren? Nur mit Qualifizierung dürfte sich Kurzarbeit für den Fiskus auf Dauer auszahlen. In: IAB-Forum, 20.11.2020.

Wolfson, Elliot (1994): Through a Speculum That Shines. Vision and Imagination in Medieval Jewish Mysticism. Princeton (Princeton University Press).